YENİ DÜNYA REHBERİ

"Neden Karşılıklı Sorumluluk?
Çünkü Bu, Küresel Krizden
Kurtulma Anahtarımız"

Dr. Michael Laitman
PhD

ISBN: 978-1-77228-093-7

© Laitman Kabbalah Publishers

YAZAR: Michael LAITMAN

www.kabala.info.tr

KAPAK: Laitman Kabbalah Publishers

BASIM TARİHİ: 2023

İçindekiler

Önsöz	4
Kitabın Düzeni	5
BİRİNCİ KISIM KALBİN DEVRİMİ	6
Bölüm 1: Yeni Bir Dünya	9
Bölüm 2: Doğa ve Biz	20
Bölüm 3: Gerçekçi Yol	33
Bölüm 4: Sosyal Adalet	61
İKİNCİ KISIM	70
Kriz ve Fırsat	71
Doğal Gelişim	75
Sosyal Dayanışma	77
EKLER	**81**
Sosyal Adalete Doğru	85
Karşılıklı Sorumluluğa Doğru	88
Yeni Ekonominin Yararları	100
Karşılıklı Sorumluluk – Eğitim Gündemi	107

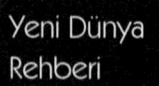

Dr. Michael Laitman

Önsöz

2011 yılında başlayan ve eşitlik, sosyal adalet, âdil gelir dağılımı ve demokrasiyi talep eden sosyal huzursuzluk dünyayı küresel bir yangın gibi sardı.

Neden dünya nüfusunun %1'i tüm zenginliğin %40'ına sahip? Neden dünya genelinde eğitim sistemi, mutsuz ve eğitilmemiş çocuklar yetiştiriyor? Neden açlık var? Her bir üründen herkese yetecek kadar fazlasıyla üretildiği halde, neden yaşam maliyetleri artıyor? Neden hâlâ sosyal adaletin ve insanlığa verilen değerin olmadığı ülkeler var? Her şeyden önemlisi, nasıl ve ne zaman bu yanlışlar düzeltilecek?

2011 yılında, tüm bu sorular dünya üzerinde yaşayan milyonlarca kişiyi derinden etkiledi ve insanlar sokağa döküldü. Sosyal adalete olan bu özlem, dünya genelinde ırk, din, cinsiyet veya renk ayırımı yapmadan hepimizin birlik olması arzusuna dönüştü, çünkü hepimiz korunacağımız, dostumuza ve komşumuza güveneceğimiz ve çocuklarımızın geleceği için endişe duymayacağımız bir toplumun özlemi içindeyiz. Böyle bir toplumda hepimiz, hepimizle – her birimizin bir diğerinin iyiliğinin garantörü olduğu – karşılıklı sorumlulukla ilgilenir ve bu şekilde gelişiriz.

Peki, karşılıklı sorumluluğu nasıl başaracağız? İnsanlar zor durumdayken onları kollayacak birisinin olduğunu bildiklerinde, kendilerini nasıl güvende ve emniyette hissedecekler?

Bunun gibi karmaşık ve önemli sorulara cevap arayışı, bu kitabı yazma fikrini doğurdu. Tüm zorluklara rağmen değişimin mümkün olduğuna ve bunu uygulamanın bir yolunu bulacağımıza inanıyoruz. Özelikle de bu sebeple,

Dr. Michael Laitman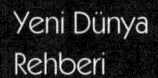

şu an elinizde tuttuğunuz bu kitap, pozitif ve iyimser bir kitaptır.

Şimdi küresel değişimi barışçıl ve keyifli bir şekilde başarmak için bir şansımız var ve bu kitap amaca doğru giden yolu kolaylaştırmada bize yardım edecek.

Kitabın Düzeni

Bu kitap iki kısma ve dizine ayrılmıştır.

Kısım 1: Ortak sorumluluk kavramı.

Bölüm 1: İntegral dünyanın ortaya çıkışı.

Bölüm 2: Doğa ortak sorumluluk kavramına nasıl uyum sağlar?

Bölüm 3: Ortak sorumluluk prensiplerini toplum içinde uygulamaya koymak.

Bölüm 4: Sosyal adalet kavramına yeni bir yaklaşım.

Kısım 2: "Yeni bir Toplum Oluşturmak:" Kısım 1'de açıklanan prensiplerin tekrarı ve yeni bakış açısı.

Dizinler: Toplum, ekonomi ve eğitim üzerine yayınlanan kaynakları içermektedir.

1.KISIM

KALBİN DEVRİMİ

YENİ BİR DÜNYA

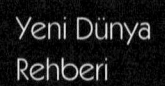

Yeni Dünya
Rehberi

Dr. Michael Laitman

YENİ BİR DÜNYA

"Hepimiz aynı geminin, küresel ekonominin içindeyiz. Zenginliğimiz birlikte artar ve birlikte azalır... Ortak bir sorumluluğumuz var; her bir ülke insanının tam bir doygunluğa ulaştığı, daha sağlam ve daha refah bir dünya yaratmak."[1]

Christine Lagarde, Uluslararası Para Fonu (IMF) Genel Müdürü

2011 yılının tüm dünyada yarattığı huzursuzluk, dünyayı geri dönülmez bir şekilde değiştirdi. Her kıtada sayısız ülkeden milyonlarca insan, Arap Baharı ve Sokak İşgali hareketi kapsamında sokaklara döküldü. "Sosyal fırtına" her nereye damgasını vurduysa, orada sosyal adalet ve eşitliğe olan talep kalabalıklar arasında (ülkeler ve kültürler arasındaki farklılık göz önüne alınarak) yankı buldu. İnsanlar sorunlarına çözümler talep etmeye başladı; değişim istediler. Genellikle, insanlar taleplerini kolaylıkla kelimelere dökemezken, kötü muameleye maruz kaldıkları hissi onları hayatları pahasına da olsa eylem yapmaya, sokaklara çıkıp protesto etmeye getirir.

Protestolar niçin yapıldı? Neden bu zamanda gerçekleşti? Tüm bunlar neden sanki birbirini tetikliyormuş gibi, eş zamanlı oldu? Küresel anlamda işlerin nasıl yürüdüğünü anlamak için, her cepheyi bağımsız olarak incelemek yerine, insanlığın durumuna geniş bir açıdan bakmak zorundayız.

"Tarihçiler geriye dönüp baktığında bu sürecin sıradan değil, ancak belirleyici bir süreç olduğunu söyleyecekler: ülkeler, kıtalar ve tüm dünya için bir dönemin bitip, diğerinin başladığı eşi benzeri görülmemiş bir global değişim dönemi."[2]

Gordon Brown, tarihçi, İngiltere eski Başbakanı (2008)

Dr. Michael Laitman

Yeni Dünya Rehberi

Küresel krizin baş gösterdiği 2008 yılından beri, tarihi bir dönüm noktasında olduğumuz gayet açıktır. Boşanma oranı sürekli olarak artmakla birlikte, birçok insanın evlenip, aile kurma arzusu yoktur.[3] Madde bağımlılığı artıyor,[4] ABD hapishanelerindeki nüfusun son 15 yılda iki katından fazla artmasına karşın, şiddet ve suç artışı devam ediyor.[5] Eğitim sistemi çökmekte;[6] eğitim kurumları ya yetersiz eğitim sunuyor veya çoğu insanın karşılayamayacağı fiyat aralığındalar.[7] Kişisel güvensizlik bugün o kadar üst düzeyde ki, Amerikan vatandaşlarının elinde insan sayısından daha fazla silah var[8] ve bu eğilim gittikçe artıyor.[9] Tüm bunların ışığında, "insanların yaklaşık olarak yüzde kırkının ruhsal rahatsızlıklara sahip olması" şaşırtıcı değildir.[10]

Bugüne kadar, insanlık nesilden nesile kademeli olarak, çocuklarımızın bizden daha iyi bir yaşam süreceği inancıyla gelişti. Bu bize umut ve güç verdi. Ancak bugün, gelecek çok parlak görünmüyor.[11] Sanki insanlık yolunu kaybetmiş gibi.

Geleceğimizle ilgili akıl karışıklığımızın en önemli göstergesi, ekonomik durumdur. Dünya 2008 yılından beri süregelen bir ekonomik krizin içinde. Daha da kötüsü, bir yol bulma şansı yok gibi görünüyor. Önde gelen ekonomist ve küresel kriz yorumlayıcılarından biri olan, Nouriel Roubini, bizi şu sözlerle uyardı: "Başka bir Büyük Depresyon'la karşı karşıyayız. Her şey daha kötüye gidiyor, şimdi ile birkaç yıl öncesi arasındaki fark şu ki, şimdilerde tüm politika yöntemlerini tüketmek üzereyiz."[12]

İş adamı ve yatırımcı, George Soros şöyle iddia ediyor: "Ekonomik bir çöküşün kıyısındayız."[13] İngiliz Merkez Bankası şimdiki Başkanı Sir Mervyn King ise, "Bu kriz, 1930'lardan beri gördüğümüz en ciddi finansal krizdir," diyor.[14]

Küresel ekonominin sürekli düşüşü endişe verici, çünkü bu paradan daha fazlasını ilgilendiriyor. Ekonomi, endüstri, ticaret ve bankacılıktan oluşan nötr bir ağ değil. Her şeyden önce, bizim arzularımızı ve hırslarımızı, gitmekte olduğumuz yolun yönünü ve ilişkilerimizi yansıtıyor. Dolayısıyla, aşağıda da detaylandırdığımız gibi, ekonomik kriz, toplumda, özellikle de insan ilişkilerinde ciddi bir soruna yol açıyor.

Kriz Nedir?

Merriam-Wesbster Sözlüğü krizi şu şekilde açıklıyor: "İyi veya kötüye doğru bir dönüm noktası." Ayrıca, "Belirleyici an" ve "Değişken veya kritik süreç veya nihai değişimlerin yaklaşması durumu," veya "Kritik bir aşamaya ulaşmış bir durum."

Yunancada, krisis, kelimesinin anlamı, krinein "karar vermek" kelimesinden "karar" anlamına gelmektedir.

Son birkaç on yılda insanlar arasındaki bağ dünya genelinde gittikçe arttı. Küreselleşme; ürün, hizmet, bilgi ve insan akışı yaratarak dünyayı, etkin olarak küresel bir köye dönüştürdü. Oxford Üniversitesi, Oxford Martin Fakültesi Direktörü, Ian Goldin ve Dünya Bankası eski Başkan Yardımcısı bir konferansta şunu belirttiler: "Küreselleşme daha da karmaşık hale gelmekte ve bu değişim gittikçe hızlanmaktadır. Gelecek, daha da öngörülemez olacaktır… Bir yerde olan bir şey, diğer her şeyi hızla etkilemektedir. Bu sistematik bir risktir."[15]

Küreselleşme şunu açığa çıkarmıştır ki, hepimiz birbirimize bağlıyız ve bir makinedeki dişliler gibi birbirimize bağımlıyız. Gezegenin herhangi bir yerinde meydana gelen bir olay dünya genelinde dalgalar halinde yayılan bir domino etkisi yaratmaktadır.

ABD ve Japonya arasında araba endüstrisindeki ticari bağ, küreselleşen dünyada karşılıklı bağımlılığın, oyunun adı olduğuna dair güzel bir örnek oluşturuyor. 2011 yılının, 11 Mart'ında Japonya'yı vuran yıkıcı deprem ve tsunami, üretim zincirini ve Japonya'dan ABD'ye yapılan araba ve yedek parça ithalatını engellemiştir. Bu durum ABD'deki Japon araba fabrikalarının üretimini olumsuz etkilemesine rağmen, Japonya'nın sorunları sebebiyle pazar payı elde eden diğer araba üreticilerini olumlu etkilemiştir.

Finansal pazar, karşılıklı uluslararası ilişkinin muhtemelen en iyi örneğidir. Diğer hükümetler tarafından satın alınmış hükümet bonoları, ekonomileri ve elbette ülkeleri koparılmaz bağlarla birbirine bağlıyor. Örneğin Çin hükümeti, ABD bonoları satın almalıdır ki, Amerikalılar, Çin yapımı ürünleri satın alarak Çin'in hızlı büyümesinin sürekliliğini sağlayıp, işsizlikten kaynaklanan sıkıntıları engelleyebilsin.

Newsweek International dergisinin editörü, Fareed Zakaria, bu karşılıklı, birbiriyle iç içe olma durumunu, bir Newsweek makalesinde etkili bir dille ifade etti: "Cüzdanlarınızı Çıkartın: Dünyanın, Amerikalıların para harcamasına ihtiyacı var": "Eğer ekonomi tanrıları, küresel ekonominin kaderiyle ilgili tek bir soruya cevap verebileceklerini söyleselerdi… Şunu sorardım, 'Amerikalı tüketiciler ne zaman yeniden para harcamaya başlayacaklar?"[16] Gerçekten de, yaşamımızı sürdürebilmek için tamamen birbirimize güvenen global bir köy haline geldik.

Küresel karşılıklı bağımlılığa en yakın zamandaki örnek Amerika'nın borç ödeme krizidir. Temmuz 2011'de Amerika, yeni bir borç ödeme planı düzenlemek zorunda kaldı. Ancak, Cumhuriyetçiler ve Demokratlar arasındaki politik mücadele, neredeyse ödeme süresinin geçmesine neden oluyordu. Dünya, Amerika'nın satın almasının duracağından korktu, çünkü borç tavanı aşıldı. Bu nedenle dünya genelinde borsalar dikey düşüşe geçti. Hiç kimse Amerika'nın artık GSMH'sının %100'ünü[17] aşan ve 15 trilyon dolar çizgisini[18] geçen büyük miktardaki borcunu ödemesini beklemese de, endişeyle politik çekişmelerinden çıkıp, dünyanın tekrar çalışmaya başlamasını bekliyor. Eğer Amerika borçlarını ödeyemezse, dünyadaki on milyonlarca çalışan kısa zaman sonra işsiz kalır.

İngiliz hükümetinin, Sürdürülebilir Gelişim Komisyonu ekonomisti Profesör Tim Jackson küreselleşmeyle ilgili şunları söyledi: "Bu, sahip olmadığımız parayı, önemsemediğimiz kişiler üzerinde kısa süreli etki bırakmak için ihtiyacımız olmayan şeylere harcayan biz insanların öyküsüdür."[19]

Almanya ve Fransa'nın Euro bölgesi krizinde, PIIGS ülkelerine (Portekiz, İrlanda, İtalya, Yunanistan ve İspanya) banka kurtarma programları dâhilinde para vermek zorunda kalması ekonomik bağımlılığın başka bir örneğidir. Yunanistan'ın geçmişte yaptığı savurganlığı, Alman vatandaşlarının ödemesi adaletsiz gibi görünse de, gerçekte Yunanlılar paralarını Alman mallarına harcayarak, Alman işçilerinin iş bulmalarını ve vergi ödemelerini sağladılar. Görüldüğü gibi burada çift taraflı bir pazarlık söz konusu; Yunanlılar Almanya'nın ekonomik gücünün devamlılığını sağlarken, karşılığında Almanya da Yunan bankalarını kurtarmakta. Dayanışma iş başında!

Geçmişte, dünya izole edilmiş bölgelerden oluşuyordu ama küresel bağ kuvvetlendikçe, kendimizi yeni, değişken, öngörülemez bir dünyada bulduk. Tanınmış sosyolog Anthony Giddens, bu akıl karışıklığını kısa ve kesin bir şekilde açıklıyor: "İyi veya kötü, kimsenin tam olarak anlamadığı, küresel bir düzene doğru gidiyoruz, ancak etkileri hepimizin üzerinde hissediliyor."[20]

Christine Lagarde'ın da yukarıdaki sözlerinde işaret ettiği gibi, hiçbir plan yapmaksızın, yaşam denizinde kendi gemimizle özgürce yol alırken, aynı geminin içinde olma durumuna geldik. Şimdi aynı geminin içinde olduğumuzdan, hepimizin birbirimize bağımlı olduğu gayet açıktır. Bu demektir ki, küresel yavaşlamanın gösterdiği gibi, gitmek istediğimiz yöne doğru hepimiz hemfikir olmadan, herhangi bir yönde ilerlememiz mümkün olmayacak. Pek çok sayıda insanın aynı anda pek çok yöne dağıldığını düşünün, kim bilir neler olurdu. En net sonuç şu ki, bizler dünyanın şu anki hareketsiz durumu içinde sıkışıp kaldık.

Bu durumu daha iyi anlamak için, evlilikleri bitme noktasına gelmiş bir çifti düşünün. Kriz tepe noktasına ulaştığında, birbirlerine öyle kızgındırlar ki, yan yana durmaya bile tahammül edemezler. Aynı evde yaşamaya devam ederken, yollarını ayıracakları anı beklemekte zorlanırlar. Böyle tansiyonu yüksek bir ortamda duvarlar onları yakınlaştırıyormuş gibi görünse de, duydukları nefret onları ayırır. Tıpkı bu evli çift gibi, hepimiz birbirimize karşı nefret doluyuz. Ancak çiftin tersine bizler ayrılamayız, çünkü gideceğimiz başka bir yeryüzü yok.

"Karşılıklı bağlılığın, benzersiz bir şekilde herkesin maskesini düşürmesiyle, küresel risklere hükmetmek, insanlığın en büyük mücadelesi olmuştur. İklim değişikliklerini düşünün; nükleer enerji risklerini; terörizm

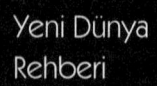

Dr. Michael Laitman

tehlikesini; politik dengesizliğin etkilerini; finansal krizin ekonomik yankılarını; salgın hastalıkları ve aniden medyanın dolduruşuyla oluşan paniği, örneğin Avrupa'nın son salatalık krizi. Tüm bu fenomenler küreselleşen dünyanın karanlık tarafını oluşturmaktadır: atıklar, bulaşıcı hastalık, dengesizlik, birbirine bağlı olma, çalkantı, paylaşılan hassasiyet... Birbirine bağlı olma durumu aslında, karşılıklı bağımlılıktır; tehlikelere maruz kalmayı paylaşmak. Hiçbir şey tamamen izole değildir ve artık 'dış işler' diye bir şey yok... Başka insanların sorunları artık bizim sorunlarımız ve artık onlara karşı kayıtsız kalamayız veya onlardan kişisel kazanç elde etmeyi umut edemeyiz."

Javier Solana NATO, eski Genel Sekreteri [21]

Modern realitenin üstesinden gelmek için, gözlerimize serilen dünyanın birbirine bağlı doğasını dikkate almalıyız. İşte burada, bilim yardımımıza koşuyor. Birbirine bağlı sistemler yeni değil; bütün Doğa bu tip sistemlerden oluşuyor. Bu kitapta sıklıkla kullanılacak bir karşılaştırma olan insan bedeni, bahsettiğimiz birbirine bağlı sistemin en iyi örneğidir. Bedenin tüm organları birbirine bağlıdır ve karşılıklı olarak senkronize bir şekilde çalışır. Bedendeki her bir hücre ve organ görevini "bilir" ve bunu gerçekleştirir, böylece tüm organizmaya fayda sağlar: kalp bedenin diğer kısımlarına kan pompalar, akciğerler tüm beden için oksijeni emer ve karaciğer de tüm beden için kanı temizler.

Aynı zamanda bedendeki her organ bir tüketicidir ve devamlılığı için gereken her şeyi bedenden alır. Bununla beraber, her bir organın varoluş amacı bencil, yani kendisine fayda sağlamak için değil, organizma odaklıdır yani organizmanın bütününe fayda sağlamak içindir. Kolektifin parçası olan organlar, tek ve tam bir bütünü oluştururlar. Bu bütünün kaynağı olmadan, her bir organın amacını veya

işlevini tümüyle anlayamayız. Her bir organın bedenden aldığı besinler onun çalışmasını mümkün kılar ve bu şekilde diğer organizmalara kıyasla kendi eşsiz görevini, varlığının amacını ve ürettiklerini bütün organizmayla "paylaşarak" kendi potansiyelini gerçekleştirir. Bu düzen, bir topluluğun temel yaşam koşuludur.

Organizmadaki sistemlerden bir tanesi işlevini yerine getirmezse, organizma "hastalık" dediğimiz bir bozulma durumuna girer. Eğer hastalık süresi uzarsa veya akut hale gelirse, tüm sistemin çökmesine ve organizmanın ölmesine sebep olabilir.

Küresel insan toplumu ve dünyadaki son birkaç on yıldaki değişimler, insanlığın Doğa'daki diğer sistemler gibi bütünleşmiş, birbirine bağlı bir sistem olmaya başladığını göstermektedir. Dolayısıyla, Doğa'daki unsurlar arasındaki karşılıklı bağı tanımlayan yasalar, şimdi de insan toplumuna uymaktadır.

"Viyana Kongresi'nden sonraki dönemin tersine 21.yüzyıl, kazananların ve kaybedenlerin sonucu sıfır olan bir oyun değildir. Tersine, birden çok ağ düğümünün söz konusu olduğu bir yüzyıldır. Bu düğümler birbiriyle ne kadar çok bağlanırsa, o kadar çok en iyi amaç ve ilkelerle birlikte yankı uyandıracaklardır."

Avrupa Bütünleşme Çalışmaları Merkezi Direktörü Prof.Dr. Ludger Kunhardt[22]

Yakın zamana kadar, her birimiz kendimizi az ya da çok bağımsız birimler olarak hissettik. Başkasının pahasına da olsa herkesin kendi başına başarılı olmasına olanak tanıyan bir toplum inşa ettik.

Fakat şimdilerde gelişmekte olan ilişkiler ağının bize söylediği şudur: Artık, bu yaklaşım daha fazla işe yaramayacak. Eski yöntem kendi kendini yok etti ve şimdi de

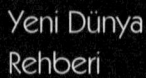

Dr. Michael Laitman

yenileniyor. Gelişmeye devam etmek için, küreselleşmeyle uyum içinde yol alan, yeni bir işlevsellikle çalışmalıyız. Bunu yapmak için de, birbirimizle bağ kurmalı ve beraberce çalışmalıyız.

Eski dünyanın gözlerimizin önünde dağılmakta olduğunu söyleyen pek çok alandan çok sayıda uzman var, çünkü eski dünya modası geçmiş, benmerkezci bir yapıya sahipti. Modern dünya, hepimizin birbirimizin iyiliğinin garantörü olduğu karşılıklı sorumluluk ve iş birliği yaklaşımına dayanan yöntemleri ve sistemleri yeniden inşa etmemizi gerektiriyor. Önümüzdeki yıllarda, kurtuluşumuz için beraberce nasıl çalışacağımızı öğrenmek zorunda kalacağız. Her bir kişi, toplum ve ulus birlikte çalışmayı öğrenmek zorunda kalacak.

"Günümüzün asıl zorluğu, sadece sistemimizi, kurumlarımızı veya politikalarımızı değiştirmek değil, düşünme biçimimizi de değiştirmektir. Hayal gücümüzün, yarattığımız bu birbirine bağlı dünyanın vaat ettiklerini ve sınamalarını idrak etmesi gerekiyor. Gelecek daha fazla küreselleşmeyi, daha fazla iş birliğini, insanlar ve kültürler arasında daha fazla etkileşimi, sorumlulukların ve menfaatlerin daha fazla paylaşılmasını gerektiriyor. Bugün ihtiyacımız olan şey, küresel farklılıklarımızın birliğidir."

Pascal Lamy, Dünya Ticaret Örgütü (WTO) Genel Direktörü[23]

Mevcut krize ilk ve en önemli çözüm, kendimizi değiştirmek ve yeni realiteye uyum sağlamaktır. Bu nedenle, tüm dünyada insanlar davranış şeklini değiştirmeye başladılar; hükümetlerin sorunlarına çözüm sağlamadığının ve sistemin düzgün bir şekilde işlemediğinin farkına varmaya başladılar. Birçoğu aynı düşüncede olanlara beraber bir araya gelerek, sokaklara çıkma ihtiyacı hissediyor.

Bu protestolar için, ülkenin koşullarına bağlı birçok neden ileri sürüyorlar. Arap dünyasında demokrasi ve konuşma özgürlüğü için protestolar yapıyorlar. Avrupa'da işsizlik sorunu ve politikalarına çözüm talep ediyorlar ve Amerika'da halkın %1'i zenginken, %99'u değil.

İnsanlar protesto için bir araya geldiklerinde yeni bir gücün farkına varıyorlar. Avrupa genelindeki çadır kentlerde, Amerika'da "Sokak Hareketinde" ve insanların sürekli olarak sokakları işgal ettikleri Mısır'da bunu hissedebilirsiniz, çünkü bir araya gelerek istedikleri şeyi elde edebilecekleri güce sahip olduklarını gördüler. Sokak İşgalinin ilk günlerinde, insanlar ne istediklerini tam olarak ifade edemeseler de, tüm kararların lobi veya politik manevralarla değil, grup ruhuyla alındığı gerçek bir demokrasi deneyiminden hoşlandıkları gayet açıktır.

Protestocuların birlikteliği, küresel dünyanın yeni yasalarıyla uyumludur. Bu ahenk protestolara, hükümetlerin kayıtsız kalamayacağı bir güç katmıştır. Ancak, protestoların başarılı olabilmesi için, küreselleşme yasalarıyla uyum içinde olmaları gerekmektedir. Bir sektörü veya grubu bir diğerinden üstün tutan herhangi bir çözüm, mevcut sistem gibi benmerkezci bir sistem olacaktır ve elbette başarısız olmaya mahkûmdur.

Bugün, başkaları pahasına sadece kendi yararına hareket eden bir grubun baskısı, zaten var olan güç mücadelesini arttıracaktır ve o ülkenin ekonomisinin ve toplumunun çöküşünü hızlandıracaktır. Dünyanın yeni durumu, sıradan vatandaştan karar mercilerine kadar hepimizin, sorunları müzakere, anlayış ve karşılıklı sorumluluk yoluyla çözmemizi gerektirmektedir.

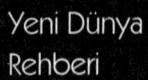

Dr. Michael Laitman

"Hepimizin iyiliği dünyanın her yerinden yabancılarla ayrılmaz bir şekilde, birbirimize bağlanarak sağlanabilir. Bir noktada, kavga etmenin ötesine geçmeli ve birbirimize bağlı olmaya uyum sağlamak zorundayız. Clinton'un söylediği gibi, 'Birbirimize bağlılığımız arttıkça, başkaları iyi şeyler yaptığında bizim de iyi şeyler yaptığımızı görüyoruz, öyleyse hepimizin kazanacağı yöntemler bulmak zorundayız.'"

Gregory Rodrigez, Arizona Eyalet Üniversitesi Sosyal Dayanışma merkezi kurucu direktörü.[24]

Yeni dünya, ilişkilerimizde zorla değil ancak kalben bir değişimi gerektirmektedir. Bu, her birimizin içinde gerçekleşmek zorundadır. 3. ve 4. Bölümlerde bu değişimi gerçekleştirme yollarından bahsedeceğiz. Şimdilik şunu söyleyebiliriz ki, bu değişimin amacı, bizi dar alanlardan daha geniş, ortak bir küreye çekecek olan farkındalığımızı "ben" algısından "biz" algısına getirmektir.

Hiç şüphe yok ki çok özel bir zamanda yaşıyoruz. Aramızdaki karşılıklı sorumluluk, birbirine bağlı bu dünyanın yaşam yasalarıyla kendini gösteriyor. Bir sonraki bölümde, sadece insanların değil tüm Doğa'nın, tek bir birim olarak birbirine bağlı olduğunu göreceğiz.

"Dalai Lama'ya barışın anahtarının ne olduğunu sordum. 'Kendini ya da ben'ini değil, biz'i düşün' dedi."

Kenro Izu, Sınırı Olmayan Dostlar'ın kurucusu.[25]

DOĞA VE BİZ

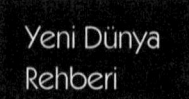

Dr. Michael Laitman

DOĞA VE BİZ

"İnsanoğlu 'evren' dediğimiz bütünün bir parçasıdır. Bilincin bir çeşit optik illüzyonuyla kendimizi, düşüncelerimizi ve hislerimizi sanki diğerlerinden ayrıymış gibi hissediyoruz."

Albert Einstein, 1950 tarihli bir mektuptan alıntı.[26]

Gelin, kendini haklı gören fazlasıyla modern bu zamanın itiş kakışına bir ara verelim ve karşılıklı sorumluluk kavramının nereden geldiğini öğrenelim. Uçsuz bucaksız bu evrenin tam kalbinde, belli bir ayrımın olmadığı spiral bir galaksi uzanıyor. Bu galaksinin içinde, sıradan görünümlü bir yıldızla beraber gezegenler ve onları saran asteroitler yer alıyor, tıpkı evrendeki diğer sayısız yıldız gibi.

Fakat hepsinden ayrı olarak, bu yıldızdan bakıldığında üçüncü gezegende belki başka hiçbir gezegende var olmayan ancak, evren çok büyük olduğu için emin olamadığımız, bir tek onda olan olağanüstü bir durum var. Bu durumun adı "yaşam".

Yaşam, dinamik ve sürekli bir değişimin olduğu kendine özgü bir fenomendir. Ancak, rastgele bir şekilde değil, tersine son derece açık, belirli bir yöne doğru değişiyor; basitten karmaşığa, ayrılıktan bütünleşmeye doğru. MIT Haystack Gözlem Evi'nin[27] bir yayınında açıklandığı gibi, Büyük Patlama'dan hemen sonra "Evrene radyasyon egemen oldu." "Sonra zerreler bir araya gelerek baryonları (proton ve nötronlar) oluşturdu. Evrenin üçüncü dakikasında bu proton ve nötronlar çekirdeği oluşturmak için yeterli soğukluğa erişti."

Bütünleşme ve karmaşıklık süreci devam ederek galaksileri, yıldızları ve gezegenleri oluşturdu. Bu gezegenlerin en azından birinin üzerinde, bu süreç mineral seviyesinin ötesine, "yaşam" dediğimiz organik seviyeye doğru devam etti. Organik maddeler, onlara kendini kopyalama gibi eşsiz bir nitelik sağlayacak şekilde birleştiklerinde yaşam mümkün oldu. Evrim süreci senkronize bir şekilde birleşerek devam ettikçe, bu organizmalar kendi görevlerini öğrenerek ve tüm hücre topluluğunun yararına (veya bir hücre içindeki tüm moleküller yararına) çalışarak, daha gelişmiş bir yapıya sahip oldular. Bir taraftan kendi eşsiz fonksiyonlarını devam ettirmek için diğer elementlere bağlıydılar, öte yandan kendi eşsiz fonksiyonlarını diğerleri için devam ettirdiler. Bunlar, Doğa'nın karşılıklı sorumluluk çalışmasının ilk örnekleridir ve milyarca yıl önce hücre kolonilerinde uygulanan bu prensipler bugün var olan her şeye uymaktadır.

Yaklaşık olarak dört milyar yıl sonra, gezegen üzerinde insan ırkı görülmeye başlandı. Doğa'nın geri kalanının aksine insanlar, Doğa'nın diğer unsurlarından ayrı, uzak olduklarını hissediyorlar. Kendimizi tüm sistemin parçası olarak değil, onun üstünde görüyoruz. İnsanoğlunun, Doğa'nın sistemi içine soktuğu bu özellik, her şeyi kendi hakkı olarak görme duygusudur. Tüm diğer hayvanlar, bitkiler ve mineraller, içgüdüleri ve edindikleri davranış şekilleriyle görevlerini Doğa'nın prensiplerine göre gerçekleştirirler. Oysa bizler, kendi kişisel çıkarlarımız veya toplumdaki diğer insanların çıkarları için çalışma özgür seçimine sahibiz.

Doğa'ya baktığımızda gerçekte göreceğimiz şey, karşılıklı sorumluluğu seçmenin ve kendi çıkarlarımız yerine toplumun çıkarlarını tercih etmenin bireye daha faydalı olduğudur. Bir önceki bölümde bedenle ilgili olarak açıkladığımız gibi, hücreleri sadece kendisi için çalışan bir organizma var olamaz. Aynı şekilde, hiçbir insan da sadece kendisi için çalışırsa var olamaz. Dünya üzerindeki yedi milyar insanın toprağını sadece kendisi için ektiğini, kuyu kazıp, su çıkardığını, yiyecek için avlandığını ve sadece kendisi için giyindiğini bir düşünün. O zaman toplum ne halde olurdu? Aslında, bizler ne halde olurduk?

Dolayısıyla, bizi birlikte çalışmaya iten şey kendi menfaatlerimizdir, ancak görünen o ki içimizde aramızdaki asıl bağı hafife alan, bizi sadece kendimiz için çalışmaya zorlayan bir şey var. İnsan bedeni örneğine döndüğümüzde, evrim biyoloğu Elisabet Sahtouris, Kasım 2005'te Tokyo'da bir konferansta yaptığı sunumla benmerkezci birimler arasındaki karşılıklı bağ kavramını şu şekilde açıkladı: "Bedeninizdeki her bir molekülün, hücrenin ve organın, kendi çıkarı söz konusudur. Her seviye kendi çıkarını gözettiğinde seviyeler arasında iletişimi zorlar. Bu, doğanın sırrıdır. Bu iletişim, sistemimizi her an büyük bir ahenkle çalıştırır."

Eğer, evrimin ilk insan ortaya çıktığında bitmeyip, bugün de devam ettiğini görebilseydik, Doğa'nın yönünün basitten karmaşığa, ayrılıktan bağ kurmaya doğru olduğunu idrak ederdik. Eski zamanlarla bugün arasındaki tek fark eskiden insanın bağ kurmaya mecbur bırakılmamış olmasıdır, şimdi ise tersine ayrılık yerine bağ içinde olmayı seçmesi gerekmektedir. Eğer bu gerçekleşirse, tam bir ahenk, denge ve refah gerçekleşecektir.

Dünyanın küresel bir köy haline gelme süreci özel bir durum değil, Büyük Patlama'dan bu yana gelişen yaklaşık 14 milyar yıllık evrimin doğal bir uzantısıdır. Bugün insanlığın yaşadığı kriz, uygarlığın çöküşü değil, sadece insanlığın tek bir varlık haline gelip, birbirine bağlı olduğunun bilincine varması ve bununla ahenk içinde yaşadığı yeni bir dönemin ortaya çıkışıdır. Bu farkındalığı elde ettiğimizde, bir taraftan

Dr. Michael Laitman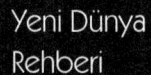

her bir organın tüm gereksinimlerini bütünden aldığı ve diğer taraftan her organın bütünün yararına çalıştığı tek bir organizma olacağız.

Bütünleyicilik ve Karşılıklılık

"Birlik ve bütünleyicilik realiteyi oluşturur." [28]

Werner Heisenberg, fizikçi, Belirsizlik Prensibinin mucidi

Derinlemesine yapılan bir doğa analizi, onu ayakta tutan güçlü bağı açığa çıkarır. Her element diğer elementleri tamamlar ve onlara hizmet eder, tıpkı besin zincirinde olduğu gibi: Bitkiler minerallerle, otçul böcekler bitkilerle ve etobur hayvanlar da otçul hayvanlarla beslenir. Besin zinciri çok sayıda alt zinciri de içine alır ve hepsi beraber tüm besin zincirini oluşturur. Bu zincirde her bir element bir diğerini etkiler ve onların birinde olan herhangi bir değişim, zincirdeki diğer elementleri de etkiler.

Doğa'yı incelediğimizde şunu görürüz ki, işlevlerini yerine getiren her bir element, sistemin içindeki farklı elementler arasındaki ekosistem dengesinin sağlanmasına olanak verir ve bu şekilde sağlıklı kalır. Ekim 2003'te Irene Sanders ve Judith McCabe tarafından Amerikan Eğitim Bakanlığı'na sunulan raporda, Doğa'nın dengesini bozduğumuzda neler olacağı açıkça belirtilmiştir: "1991 yılında katil balinaların, su samurlarını yediği görülmüştür. Balinalar ve su samurları genellikle uyum içinde yaşarlar. Peki, ne oldu? Çevre bilimcileri okyanus levreği ve ringa balığının soylarının tükenmekte olduğunu da buldular. Aslında balinalar bu tip balıkları yemezler, bunları yiyen ayı balıkları ve denizaslanlarıdır. Balinalar, ayı balıklarını ve denizaslanlarını yer ve onların da soyu tükenmektedir. Dolayısıyla, denizaslanlarını ve ayı balıklarını kaybeden balinalar kendilerine yemek olarak oyuncu su samurlarını bulmuşlardır.

"Böylece, hiç yemedikleri balıkların yok olması sebebiyle, su samurlarının soyları tükenmiştir. Bu dalga yayılmaktadır. Su samurları artık denizkestanelerini yiyemeyecek, bu sebeple de denizkestanelerinin nüfusu artacak. Onlar deniz tabanındaki yosun ormanlarında yaşar ve yosunlarla beslenirler. Yosun, martı ve kartalları besleyen balıkların evidir. Balinalar gibi martılar da başka bir besin bulabilir, ancak kel kartallar bulamaz ve zorluk içine girerler.

"Tüm bunlar okyanus levreğinin ve ringa balığının soylarının tükenmesiyle başlamıştır. Neden? Doğrusu, Japon balıkçılar kömür balığını da besleyen mikroskobik organizmaları yiyen çok çeşitteki balinaları öldürmektedir. Yiyecek çok fazla balığı oldukça kömür balığı gelişecektir. Karşılığında ayı balığı ve denizaslanlarının besini olan levrek ve ringa balığına saldıracaktır. Denizaslanlarının ve ayı balığının soyunun tükenmesiyle balinalar su samurlarını yemek zorunda kalacak."

Doğa ve Ekoloji

Gördüğümüz gibi, Doğa denge ve ahengi oluşturan çift taraflı bir bağla var olmaktadır. Ancak insanlar bu şekilde hareket etmez, ne kendi aralarında ne de kendileri ve Doğa arasında. Dolayısıyla, insan Doğa'nın bir parçası olduğundan, onunla ve kendi arasında ahenk içinde olmaması, tıpkı önceki balina örneğinde olduğu gibi, tüm sistemin dengesini bozmaktadır. Tüm Doğa karşılıklı sorumluluk yani 'ne verebiliyorsan ver ihtiyacın olanı al' prensibini izlerken, insanlar tam tersini yapıyorlar yani 'ne alabiliyorsan al, vermek zorunda olduğunu ver." Biz insanlar birbirimizi sömürüyoruz ve insanlık olarak hepimiz Doğa'yı sömürüyoruz. Aslında neredeyse gezegenimizin tüm kaynaklarını tükettik.

"Ekolojik ayak izlerimiz halen daha dünyanın yenilenebilir kaynaklarının 1,4 Dünya kadarını kullanıyor ve muhtemelen 2050 yılına kadar iki Dünya kadarını kullanmış olacak. Diğer bir deyişle, sürdürülemez bir şekilde yaşıyoruz ve yeryüzünün doğal sermayesini bitiriyoruz. Bu şekilde daha ne kadar zaman devam edeceğimizi kimse bilmiyor ve alarm çanları çalmakta."

G.Tyler Miller, Scott Spoolman, Yeryüzünde Yaşamak: Prensipler, Bağlantılar ve Çözümler[29]

İnsanlar Doğa'nın tümörleri gibi oldular. İnsanlık her şeyi çevreye saygı duymadan kendisi için alıyor. Kanserin kendisiyle beraber diğer organizmaları da ölüme götürmesi gibi insanlık da eğer Doğa içinde kendini sağlıklı bir organa dönüştüremezse bu durumla karşı karşıya kalacak.

İnsanlığın akılsız bir biçimde neden bu kadar sorumsuz davrandığını anlamak için insan doğasına yakından bakmamız gerek. Biyolog Sahtouris'in açıkladığı gibi, "Her molekülün, hücrenin ve organın kendi çıkarları söz konusudur." Kendi menfaatimizi düşünüyor olmamız, tüm organizmanın yani insanlığın, sağlığını göz ardı etmemiz anlamına gelmez çünkü organizmanın sağlıklı olması aynı zamanda kendi menfaatimizedir.

Bu durumdan bizi uzaklaştıran şey, kendini haklı görme veya "narsisizm" hissidir. Psikolog Jean M. Twenge ve Keith Campbell toplumu, "gittikçe artan kendini beğenmişlik" olarak tanımlıyor.[30] Narsisim Salgını: Kendini Haklı Görme Çağında Yaşamak adlı kitaplarında Campbell ve Twenge

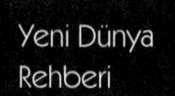

Dr. Michael Laitman

şunlardan bahsediyor: "Kültürümüzde, narsisizmin sürekli yükselişi[31] söz konusu ve bunun sebep olduğu problemler artıyor. Amerika Birleşik Devletleri narsisizm salgını sebebiyle acı çekiyor. Narsist kişilik bozukluğu da tıpkı obezite gibi artmakta." Ve şöyle devam ediyorlar: "Daha da kötüsü bu bozukluk, 2000'lerde on yıl öncekinden daha hızla ilerliyor. Tıpkı şarkıcı Küçük Jackie'nin dediği gibi, birçok insan şöyle hissediyor 'Evet, tüm dünya kesinlikle benim etrafımda dönmeli.'"[32]

Webster Sözlüğünde narsisizm "egoizm" olarak tanımlanıyor ve bu da çevrilince şu anlam çıkıyor; bizler dayanılmaz ölçüde benciliz.

Yüksek egomuz, bizim tüketici bir kültür oluşturmamıza, saldırgan üretime, pazarlamaya, mal ve hizmeti hayatlarımıza gerçekten değer kattığı için değil, gösteriş yapmak için tüketmemize sebep oldu. Başkaları satın aldığı için biz de alıyoruz çünkü geride kalmak istemiyoruz.

Tüketicilik, her endüstrinin endişe verici bir oranda ihtiyaç fazlasıyla sonuçlanan üretimlerini hızlandırmasına sebep oldu. Şimdi bu fazlalıklar gezegeni kirletiyor ve sosyal statü ve sonu gelmez zenginlik kovalamacasına hitap etmek için kaynakları tüketiyor. Ancak her şeyin bir sınırı var ve neredeyse yolun sonuna geldik.

Uluslararası Enerji Ajansı (IEA) 2011 yılı raporuna ilişkin bu organın baş ekonomisti Fatih Birol, The Guardian gazetesinden Fiona Harvey'e şöyle dedi: "Kapı kapanıyor. Çok endişeliyim, eğer enerjiyi nasıl kullanacağımızla ilgili yönümüzü değiştirmezsek, bilim adamlarının güvenliğimiz için bize söylediği minimumun ötesine geçeceğiz ve kapı sonsuza kadar kapanacak." [33]

Benzer şekilde Yale Üniversitesi raporunun özeti de şöyle, "Hükümetler arası Panel'in İklim Değişikliği (IPCC) raporu şöyle diyor; 3'te 2 olasılıkla, insanlar tarafından oluşturulan iklim değişikliği, halen daha şiddetli hava olaylarının artmasına sebep oluyor. Raporda ayrıca şiddetli hava koşullarının, yaşam kayıplarının artmasına, malların zarar görmesine ve bazı bölgelerin 'sıra dışı yaşam yerleri' haline gelmesine sebep olacağını yazıyor. Raporda belirtildiğine göre, bilim adamları kesinlikle şundan eminler; devam eden ısınma sadece aşırı sıcak dalgalarının artmasına ve bazı bölgelerde kuraklığa sebep olmayacak, aynı zamanda şiddetli sellere sebep olan yoğun yağışları da getirecek."[34]

İnsanoğlunun çevresine karşı duyarsızlığı, besin ve su açısından hayati ihtiyaçlarımız için kötü olacak. Dünya Doğayı Koruma Vakfı'na (WWF) göre, "Fazla balık avı, balık nüfusunu tahrip ediyor. Balıkçılığın yüzde 75'inden fazlası zaten istismar ediliyor ya da fazla miktarda avlanma yapılıyor."[35]

The Guardian gazetesinden Ian Sample şöyle yazdı: "Dünyanın tarım arazisinin %40'ı ciddi şekilde bozuldu. Birleşmiş Milletler bin yıllık eko sistem değerlendirmesi verimli toprağın bozulmasını, besin güvenliğini tehlikeye atan ve fakirliği arttıran dünyanın en büyük çevresel sorunu olarak gösterdi."[36]

Hayatımızın en temel ihtiyacı olan suyla ilgili gerçekler, en dehşet verici olanlardır. Birleşmiş Milletler Fonu (UNICEF) tarafından yayınlanan resmi bir yayında, güvenilir olmayan su kullanımının tehlikeleri ve zararları anlatıldı: "Gelişen dünya nüfusunun yaklaşık yüzde ellisi yani 2,5 milyar insan iyileştirilmiş temizlik olanaklarından yoksun ve 884 milyondan fazla insan halen güvenilir olmayan su kaynaklarını kullanıyor. Güvenli suya ve temizlik hizmetine yetersiz erişim, zayıf sağlık uygulamalarıyla birleştiğinde, her gün binlerce çocuğunun hastalanmasına, ölmesine ve daha binlercesinin yoksullaşmasına ve pek çok fırsatın kaçmasına sebep oluyor. Yetersiz temizlik, su ve hijyen daha birçok ciddî sonuçlara yol açmaktadır. Çocukların, özellikle de kız çocuklarının eğitim hakları, okullarının temizlik uygulamalarının eksikliği sebebiyle engellendi. Kadınlar günlerinin büyük bir bölümünde su taşımaya zorlanıyor. Yoksul çiftçiler ve maaşlı çalışanlar hastalıklara bağlı olarak daha az üretiyor, hastaneler dolup taşıyor ve ulusal ekonomiler can çekişiyor. Su, temizlik ve hijyen olmadan sürdürülebilir gelişim mümkün değildir." [37]

"Ekonominin doğal kaynaklarının tükenmesi ve iklim sisteminin bozulması dünyayı sınıra getirdiğinden beri, bunlar tersine çevrilmesi gereken unsurlar olmuştur. Bunu yapmak olağanüstü önlemler ve hızlı bir değişim gerektirir."

"Toprak ve su kıtlığı, yeryüzünün ısısı arttıkça ve dünya besin güvenliği kötüleştikçe tehlikeli bir yiyecek kıtlığı söz konusudur."

Lester R. Brown, çevresel analist, Yeryüzü Siyaseti Enstitüsü'nün kurucusu ve başkanı, Dünya Sınırda: Çevresel ve Ekonomik Çöküş kitabının yazarı.[38]

6 Mayıs 2011'de Associated Press'ten Matthew Lee şunu yazdı: "Amerika Birleşik Devletleri Dışişleri Bakanı Hillary Clinton, küresel gıda kıtlığı ve yükselen fiyatların, yaygın istikrarsızlaşmaya sebep olduğunu ve gelişen dünyanın birçok ülkesini ayaklanmalara iten 2007 ve 2008 krizinin tekrarının önüne geçmek için, derhal harekete geçmemiz gerektiğini söyledi. Birleşmiş Milletler'in tahminine göre,

yaklaşık olarak 44 milyon kişinin geçen Haziran'dan bu yana gıda fiyatlarının artması sebebiyle yoksulluğa itildiğini ve bunun da umutsuzluğa ve huzursuzluğa yol açtığı uyarısında bulundu. Clinton ayrıca, dünyanın acil yardım sağlamada artık daha fazla geri kalmaya devam edemeyeceğini söyledi."[39]

Ne yazık ki, bir hafta sonra şu ümit kırıcı rapor geldi: "Dünya, tüm gıdasının %30'unu ziyan ediyor."[40] Rapora göre, her yıl üretilen gıda miktarının %30'u ziyan ediliyor veya yok oluyor. Bu oran, Birleşmiş Milletler Gıda ve Tarım Örgütü'nün raporuna göre yaklaşık 1,3 milyar ton eder. Bu 1,3 milyar nüfusuyla dünyanın en kalabalık ülkesi Çin'deki her bir kişinin, çöp kutusuna atacağı bir ton yiyeceğe sahip olması anlamına gelir. Böyle büyük bir rakamdan çıkaracağımız sonuç, en çok ziyan edenlerin en çok paraya sahip olanlar olmasıdır. Bu rakamları geçen hafta içinde dünya genelinde tırmanan gıda fiyatlarıyla ilgili hazırlanan rapora dayanarak veriyoruz." CNN muhabiri Ramy Inocencio'nun belirttiğine göre, "Gerekli olan tek şey, zihniyet değişimidir."

Aslında, zihniyetimizi karşılıklı sorumluluk kavramına yakınlaştırmamız gerekmektedir. Böyle bir zihniyetle, yatağına aç giren insanların olduğu bir dünyada hiçbir yiyecek çöpe atılmaz. Karşılıklı sorumluluk içinde olan bir toplum demek, kendinizi obez olacak kadar beslerken, ailenizi açlığa mahkûm etmemek demektir.

Uluslararası Para Fonu (IMF) eski Başkanı Michel Camdessus, ekonomik koşullarla, çevre koşulları arasındaki bağı ve karşılıklı sorumluluk eksikliğinin her iki krizin de ana sebebi olarak gördüğünü açıkladı. "Olan şey bir çeşit etnik, küresel sorundur. Yıllar ve yıllar boyunca, finansal aktörlerin finansal iştahlarını azaltmak, toplumla ve komşularımızla ilgilenmek için, tüm sesli uyarıları dinledik ve şimdi tüm bu prensipler unutuldu. Yeniden bir çeşit küresel, etnik bir sistem kurmalıyız. Her ikisi de (finansal ve çevresel kriz) ekonomik mekanizmaların veya doğal kaynakların fazla kullanımı temeline dayanıyor. Tüm bunlar şu demektir; kendi algı modelimizi yeniden oluşturmak ve gelecek yıllarda daha çok sorumluluğumuzun olacağı bilincinde olmak zorundayız."[41]

Dahası, yeryüzü kaynaklarının limitleri ve sebep olduğumuz zararın delilleri ortadayken, bizler havayı, suyu ve toprağı gereksizce bozarak ve çocuklarımıza ne yiyecek, ne de enerji sağlayacak bir dünya bırakarak Yeryüzü'nü tüketmeye devam ediyoruz.

Sınırlı enerji kaynaklarının devam eden tüketimi ile ilgili olarak, IEA'nın baş ekonomisti Fatih Birol'la The Independent gazetesi muhabiri Steve Connor bir röportaj yaptı. Connor'a göre, "Dr. Birol diyor ki; halk ve pek çok hükümet, modern uygarlığın bağlı olduğu petrolün önceden tahmin edilenden daha hızlı tükeniyor olmasına ve küresel üretimin 10 yıl içerisinde doruğa ulaşacağı unsuruna ilgisiz kalıyor, üstelik bu durum pek çok hükümetin tahmin ettiğinden on yıl önce gerçekleşecek."[42]

Dengeyi Kurmak

"İnsan, şimdiye kadar Doğa'ya karşı geldi; bundan sonra, kendi doğasına karşı olacak."[43]

Dennis Gabor, holografinin mucidi, 1971 Nobel Fizik Ödülü Sahibi

Doğa'daki oyunun adı dengedir. Tüm unsurlarını bir araya getirmeyi arzulayan bir koşuldur bu. Herhangi bir nesnenin veya maddenin değişmesinin veya hareket etmesinin sebebi, onun dengeye gelmeyi "arzulamasıdır". Bu arzu, rüzgârın sıcağı soğuk bölgelere yayması veya suyun alt katmanlara doğru akması gibi daha birçok fenomen meydana getirir. Yaşayan organizmaların dengede olmasına, "homeostasis" (özdenge) denir (Yunanca'da, homoios, "benzer" ve stasis, "durağan" demektir.) Webster's sözlüğü bu kelimeyi "Dengenin göreceli durağan aşaması veya farklı ama birbirine bağlı elementlerin veya bir organizmanın element gruplarının, nüfusun veya grubun arasında, böyle bir duruma doğru olan eğilim" olarak tanımlıyor.

Bizler, Doğa'nın farklı ama birbirine bağlı parçaları olarak, denge yasasına tabiyiz veya Webster's sözlüğünde tanımlandığı gibi, insan toplumunun içinde olduğu gibi bedenimizin içinde de denge halindeyiz. İnsanlık, bağımsız varlıklardan oluşan bir yapı değil, Doğa'nın bütünleşmiş parçalarıdır. Bu sebeple bedenlerimiz ve toplumların için de, Doğa'nın tüm yasaları bizim için de geçerlidir.

İnsan seviyesinde "dengede olmak" demek, bilincimizi benmerkezcilikten, toplumsal bilince hatta global bilince doğru yönlendirmek demektir. Bizim de dâhil olduğumuz sistemin parçaları olan tüm diğer insanları ve çevremizi daha çok düşünmeliyiz. Yukarıda verilen örnekler, Doğa'yla ve birbirimizle aramızdaki bağa ilgisiz kalmayı seçersek ıstırap çekmemize sebep olacak bazı sonuçları göstermektedir.

Emeğin Sancısı

"Bizler, kişisel kaygılarımızdan tüm insanlığın kaygısına doğru, dar alanlarımızın üstüne çıkmak zorundayız. Yeni dünya, coğrafi beraberliğin dünyasıdır. Bu, hiçbir birey veya ulus yalnız başına yaşamaz, demektir. Hepimiz bir arada yaşamayı öğrenmeliyiz aksi halde beraber ölmek zorunda kalacağız."

Martin Luther King, Jr[44]

İnsan egoizmi varlığımızı tehdit ettiğinden, iki seçimle karşı karşıyayız: Ya hiçbir şey yapmadan oturup, Doğa'nın işini yapmasına izin verir ve sorunları nasıl çözeceğimizi bilmeden kapımızı çalmasını bekleriz ya da harekete geçer ve geleceğimizin sorumluluğunu üstleniriz. Bugün, insan nesli Doğa'yla dengeye, ahenge ve sürdürülebilir refaha doğru ilerleyebilir. Tek ihtiyacımız olan şey Doğa'yla uyumu sağlamak için karşılıklı garanti yaklaşımını uygulamaktır.

Bu şekilde hareket ettiğimizde, başkalarının iyiliği için gayret edenler arasında sorun olması söz konusu olmadığından, inşa ettiğimiz toplum sürdürülebilir, refah içinde, güvenli ve barışçıl olacaktır.

Bundan sonraki bölümde böyle bir uygarlığı oluşturmak için atmamız gereken pratik adımları tartışacağız.

BÖLÜM 3

GERÇEKÇİ YOL

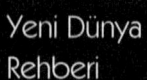

Dr. Michael Laitman

GERÇEKÇİ YOL

"21. yüzyılın en büyük öngörüsü, yani insanlığın bütününün parçalarının toplamından daha önemli olduğunu anlama zamanı, artık başlıyor. İnsan organizması, uyanan bir çocuk gibi bilinçlenmeye başlıyor ve bu kesinlikle amaçlarımızı gerçekleştirmemizde bize yardımcı olacak."

N.Christakis, J.Fowler, Birbirine Bağlı: Sosyal Ağlarımızın Şaşırtıcı Gücü[45]

Önceki bölümlerde, tüm dünyayı tek bir ağa bağlayan unsurları tanımladık. Bu ağın basitten karmaşığa, ayrılıktan bağ kurmaya doğru hareket eden, evrimin doğal bir yolu olduğunu anlamış bulunmaktayız. Bu bağ aynı zamanda, karşılıklı sorumluluk kavramının yaşamın kendini devam ettirmesi için gereken formül olduğunu gösterir ve eğer insanlık, yaşamı sürdürmeyi arzu ediyorsa, yaşantımıza modus operandi (birlikte hareket) olgusunu katmak zorundayız.

Geriye kalan tek mesele bunu nasıl yapacağımızdır. Bir insan veya bir toplum, gerçekten sadece kendini düşünme zihniyetinden, herkesle ilgilenme zihniyetine nasıl değişecek? Başka bir deyişle, "'Ben' kavramından, 'biz' kavramına nasıl geleceğiz?" Dahası, bu değişim rastgele değil, bencillikten uzak kalıcı bir dönüşüm olmalıdır, tıpkı Twenge ve Campbell'in daha önce bahsettiğimiz Narsisizm Salgını kitabında tarif edildiği gibi.

Bunu başarmamızın yolu, sosyal değerlerimizi değiştirmekten geçiyor. Eğer davranışlarımızın sebeplerine derinlemesine bakarsak, şunu keşfederiz; genelde, etrafımızdaki insanlardan onay alabilmek için belli şekillerde hareket ederiz. Sosyal çevremiz tarafından takdir edilmek bize güven ve itibar kazandırırken, bunun eksikliği bizi güvensiz ve kendi halimizden utanır yapar. Bu sebeple, bilinçli veya değil, toplumun davranış kurallarına ve değerlerine uymak eğilimindeyizdir.

Yazar ve psikolog Maria Konnikova, toplum kurallarına uyma ihtiyacımız hakkında Scientific American'daki bloguna şöyle yazdı: "Dikkat çekmeyi istediğimiz zaman, bunu istemediğimiz zamandan tamamen farklı bir şekilde davranma eğilimi gösteriyoruz ve yürürlükte olan sosyal standartlara ve geleneklere göre hareket ediyoruz. Bir şey yapmaya karar verdiğimizde, başka birisinin bizi seyrediyor olması, fark yaratır mı? Aslında teorik olarak, bunun böyle olmaması gerektiğini söylemek kolaydır ama pratikte benzer davranış kalıpları uygulanır. Önemsiz derecedeki davranışlarda bu böyledir (Toplum içinde burnunuzu karıştırır mısınız? Peki ya kimsenin sizi görmediğinden, emin olduğunuzda ne olur?), peki daha önemli davranışlarda ne yaparsınız? (Başkaları sizi görebiliyorsa, fiziksel olarak veya başka türlü birisine zarar verir misiniz? Peki ya, bu olayın ikinizin arasında kalacağına eminseniz?)"[46]

Dolayısıyla, toplumun değerlerini karşılıklı sorumluluk ve başkalarıyla ilgilenme önem sırasının en tepesinde olacak şekilde değiştirdiğimiz anda biz de değerlerimizi buna göre değiştireceğiz. Eğer toplum kişiyi, topluma verdiği desteğe göre değerlendirirse insanlar da takdir edilmek için topluma destek vermeyi isteyecekler. Eğer sonuçlarıyla halen boğuştuğumuz finansal mühendisliğe gösterilen saygı ve sosyal statü, toplumun genel iyiliği için çalışan insanlara, finansal olarak veya başka değerlerle verilseydi tüm insanlar topluma bu yapıcı tavırda katkıda bulunmaya başlardı.

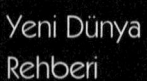

Dr. Michael Laitman

Halkın Söylemlerinin Değişmesi

Halkın düşüncelerinin etkisi, küresel huzursuzluk zincirinden kurtularak önce Arap dünyasında ve Avrupa'da, arkasından dünya çapında sosyal, resmi ve sonra da geleneksel medyanın ateşlemesiyle 2011 yılında kendini gösterdi. Eğer araştıracak olursak, 2011 yılı 17 Eylül'ünde başlayan Wall Street'i İşgal Et hareketinden önce, %99 veya %1 kavramıyla ilgili hiçbir ifade bulamayız.

Toplumu iyileştirmede, halk söylem ve fikirlerinin gücünün bir başka onayı da Dünya Bankası tarafından yazılan, "Halkın Söyleminin Gücü" başlıklı rapordan geldi. "Yaygın gelişim kavramı (herkes için eşit iş fırsatı vermek) büyük ölçüde artan mevcut bilgiyi vatandaşa sağlamayı gerektirir. Tüm bunların amacı (yaygın gelişim) halka hizmet sağlamak ve hayatımızı iyileştirme sorumluluğunu taşıyan hükümetlerin ve kurumların güç ilişkilerinde bir yön değişikliği yaratmak içindir. Bu gücün etkisi, hizmet sağlamada başarısız olan politikacıları ya da hizmet sağlayıcılarını tanımak ve onlarla yüzleşmek için ortak hareket eden küçük gruplarda efektif bir şekilde denenebilir. Yozlaşma ve politik kişisel çıkar büyük ölçüde kemikleşmiş olduğundan, halk etkisini yaratmak için farklı grupların kolektif ve barışçıl bir şekilde çalışması haricinde, yaygın gelişimin istenilen etkiyi sağlaması ihtimali yoktur."[47]

Çevrenin etkisinin gücü yıllar önce bilimsel olarak kanıtlanmıştır. Konuyla ilgili en bilinen çalışma 1951 yılında, psikolog Solomon Eliot Asch tarafından yürütülmüştür. Bu çalışma Asch Sosyal Uyum Deneyi olarak bilinmektedir. Deneye katılacak olan katılımcılara bir görüş testine girecekleri söylenmiştir. Deneyde tüm katılımcılara bir çift kart gösterilmektedir. Bu kartların birinde biri kısa biri orta ve biri uzun olmak üzere 3 çizgi vardır. Diğer kartta tek çizgi bulunmaktadır. Deneklere bu karttaki çizginin diğer karttaki çizgilerden hangisine benzediği sorulmuştur. Katılımcıların biri hariç diğer yedi kişi Asch'ın asistanlarıydı ve önceden belirlenen cevapları vermekteydiler. Diğer tek katılımcı bunu bilmiyordu ve diğer yedi katılımcının da kendisi gibi gerçek denekler olduğuna inandırılmıştır.

Odadaki deneklerden her biri, hangi çizginin (A, B veya C) hedef çizgiye benzediğini yüksek sesle söylemek zorundadır. Cevap her zaman son derece açıktır. Gerçek denek sıranın sonunda oturmaktadır ve herkesin cevabını duyduktan sonra cevabını verecektir. Toplamda 18 deneme yapıldı ve sahte denekler bunların 12'sinde yanlış cevap verdiler.

Sonuç: Ortalama olarak, cevap sırası kendisine gelen gerçek deneklerden %32'si grubun yanlış da olsa söylediği cevabı vermiştir. 18 denemenin sonrasında yaklaşık katılımcıların %75'i grubu en azından bir kez onaylarken, katılımcıların %25'i hiç onaylamamıştır.

Yargı: Gerçek denekler neden bu kadar kolay kabullendiler? Deneyden sonra kendileriyle görüşüldüğünde, çoğu gerçekten doğru cevabı verdiklerine inanmadıklarını fakat grup tarafından alay edilmek ya da garip karşılanmaktan korktukları için böyle davrandıklarını söylemişlerdir. Bazıları da grubun doğru cevabı verdiğine gerçekten inandıklarını söylemişlerdir.

Açıkçası, insanlar iki nedenden dolayı onay vermişlerdir: Gruba uyum sağlamak istemişlerdir (normatif etki) ve grubun ondan daha bilgili olduğuna inanmışlardır (enformasyon etkisi).[48]

Yapılan başka bir araştırma da sosyal çevresinin etkisinin kişinin belleğini dahi değiştirebileceğini ispatlamıştır. Weizmann Enstitüsü'nün yaptığı bu çalışma, insan belleğinin sosyal manipülasyon yoluyla ne ölçüde değiştiğini test etmiştir. Enstitünün ortaya çıkardığı bulgu şöyle açıklanmıştır: "Yapılan bu yeni araştırma göstermiştir ki, gerekli olan tek şey birazcık sosyal baskıdır." Deney dört aşamada gerçekleşmiştir. Önce, gönüllüler bir film seyretmiştir. Üç gün sonra, bir hafıza testine girerek filmle ilgili soruları cevaplamışlar, aynı zamanda cevaplarıyla ilgili olarak ne kadar emin oldukları da kendilerine sorulmuştur.

Daha sonra, beyin aktiviteleri görüntülü manyetik rezonansta (MRI) taranırken testi tekrar yapmaları istenmiştir. Bu kez, deneklere gruplarındaki diğer deneklerin sözde cevapları da verilmiştir. Deneklerin daha önceden kendilerinden emin bir şekilde ve doğru cevap verdiği soruların arasına bu yanlış cevaplar da yerleştirilmiştir. "Yerleştirilen" bu cevapları duyduktan sonra, denekler grubu onaylayarak yaklaşık %70 oranında yanlış cevap vermişlerdir.

Onlar sadece toplumsal talebi mi onaylıyorlardı yoksa filmle ilgili bellekleri gerçekten değişmiş miydi? Bunu bulmak için araştırmacılar denekleri tekrar bellek testine aldılar. Bazı durumlarda katılımcılar, orijinal doğru cevaba geri dönmüş ancak, yarıya yakını yanlışta takılıp kalmış ve bir önceki seansta kendilerine verilen sahte cevaplara güvenmeye devam etmişlerdir.

MRI verilerinin analizi, beyindeki kalıcı yanlış bellekle toplumsal uyumun geçici yanlışları arasındaki farklılıkları ortaya çıkartmıştır. Bilim adamları, beynin bellekle ilgili işleyen kısımlarıyla toplumu birbirine bağlayan bağ arasında

bir bağlantı olduğunu düşünüyorlar. "Bellek bankasına yüklenmeden önce belleği onaylamak için, bir 'damgaya' ihtiyaç var. Dolayısıyla, toplumsal pekiştirme güçlü bir belleği yanlış olanla değiştirerek beynimizi etkileyebilir." [49]

"Birçok insan onaylanma ihtiyacının farkında bile değil. Sanki bireyselmiş, sanki kendi düşüncesi sonucu bir fikre ulaşmış ve sanki ideallerinin toplumla örtüşmesi şimdi gerçekleşmiş gibi, düşüncelerinin ve eğilimlerinin peşinden gittiğini zannettiği bir hayalinin içinde yaşar."

Erich Fromm, Sevme Sanatı [50]

Toplumun insanların düşüncelerini nasıl etkilediğini gördükten sonra, meseleyi bir de gerçekçi, eğitsel açıdan inceleyelim. Medyanın, görüşlerimiz hatta fiziksel olarak beynimiz üzerindeki etkisi birçok defa tanımlanmış ve belgelenmiştir. "Şiddet İçeren Video Oyunları ve Beyindeki Değişimler,"[51] "Norveçli Satıcılar, Saldırının Ardından Şiddet İçeren Oyunları Raflardan Çekti"[52] ve "Almanya'daki Toplu Saldırı Satıcılarının Şiddet İçeren Oyunları Satmayı Bırakmalarını Sağladı"[53] gibi başlıklar gösteriyor ki, insanlar şiddetin ve saldırgan medyanın verdiği zararın farkındalar. Yine de tüm bu farkındalığımıza rağmen, medya sadece bu görüntüleri sunmaya devam etmiyor, aynı zamanda bunların sıklığını ve belirginliğini arttırıyor.

Genç beyinlerin şiddeti ne kadar benimsediğini anlamamız için Michigan Üniversitesi'nin "Televizyon ve Çocuklar" başlığı altında ortaya çıkardığı bilgiye bir bakalım: "Amerikalı sıradan bir çocuk 18 yaşına kadar, televizyonda 200.000 şiddet vakası ve 16.000 cinayet görüyor."[54] Eğer bu sayı size ürkütücü gelmiyorsa o zaman şöyle düşünün; on sekiz yılda 6.570 gün vardır, yani

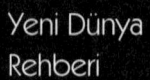

Dr. Michael Laitman

ortalama olarak on sekiz yaşına kadar bir çocuk hayatının her gününde televizyonda 2,4'ü cinayet olmak üzere otuz şiddet vakasını seyretmektedir.

"Talep ettiğimiz şey tarafsızlık değil, daha ziyade karşılıklı sorumluluğun, dayanışmanın ve karşılıklı olmanın birliğidir. Hem yetişkinlerin hem de gençlerimizin eğitimi için yapmamız gereken çalışma budur."

Martin Buber, filozof ve eğitimci, Bir Ulus ve Bir Dünya: Güncel olaylar üzerine makaleler[55]

Sonuç olarak, modern araştırmalar "Çevrem neyse, ben oyum" kavramını ispatlamaktadır. Çevremiz bizi bir insan olarak şekillendiriyor ve bizler çevrenin ürünleri olduğumuz için gerçekleştirmek istediğimiz her değişimin önce çevremiz tarafından benimsenmesi gerekmektedir. Dolayısıyla, karşılıklı sorumluluk ilkesinin uygulandığı ve geçerli sayıldığı bir çevre yarattığımız zaman, bu değer bizim gözümüzde övgüye değer olacaktır.

Hayata Geçirme: İnternet ve Bireylerarası İletişim

Değerlerimizi değiştirmeyi başarmada en hızlı ve etkili yöntem, bugünün düşünce yapısını oluşturan araçlar vasıtasıyla gerçekleştirilir: medya ve internet. Sosyal bilinci değiştirmek için medya söylemlerini değiştirmemiz gerekmektedir. Yukarıda açıkladığımız gibi eğer medya bize vermenin, paylaşmanın ve iş birliğinin iyi olduğunu söyleyecek olsa biz de bu şekilde düşünüp onları takip ederdik.

Ancak, bugünün realitesinde egolarımız yükseltilmiş, kendini haklı görme ödüllendirilmiş ve çıkarcı bireylere "iş bitirici" lakabı olumlu olarak verilmiştir. Bencil olmayanların, okulda "aptal" ya da "silik" olarak etiketlenmesi şaşırtıcı değildir. Aynı şekilde, olumsuz mesajlar sebebiyle

Teksas'taki her ilkokula, tehlike arz eden yetişkinleri uzak tutmak için değil tehlikeli çocukları uzak tutmak için ve hatta 6 yaşındakileri tutuklamak için polislerin yerleştirilmesi şaşırtıcı değildir! 2010 yılında sadece bir veya iki tane değil tam 300.000 çocuk bu durumdaydı.[56]

Eğlendirici televizyon demek, şiddetti ve kendini beğenmişliği yücelten gösteriler yapmak değildir. Elbette eğlence üretmek, olumlu sosyal mesajlar içeren programlar yapmak kesinlikle mümkündür. Araştırmacı gazetecilik sadece yozlaşmayı değil, aynı zamanda birbirimizle nasıl bağ içinde olduğumuzu ve beraberce başarılı olabileceğimizi ortaya çıkarmalıdır. Medya bu tür kavramların yüceltildiği toplulukları ve girişimleri tanıtabilir, örneğin The New York Times'da bahsedilen İspanya'daki Marinaleda kasabasının ilham veren hikâyesi gibi, "Bu İspanyol Kasabasında İpotek Yok ve Herkese İş Var."[57]

Medya daha sonra, bu çabaların ne ölçüde başarılı olduğunu, hayatlarımızı nasıl geliştirdiğini ve bu girişimlerin dünyanın çeşitli bölgelerinde nasıl uygulanabileceğini tartışabilir.

Sonuç olarak, toplum söylemlerini değişmek zorundadır ve bu olduğunda insanlar düşüncelerini değiştirecek ve medya da halka uyum sağlamak için içeriğini değiştirecektir. Ancak bu değişim, medyanın hâlihazırdaki tavrı toplum yanlısı değil anti-sosyal olduğundan, bilinçli bir çabayla yapılmalıdır.

Bugün sosyal değişim, en popüler televizyon kanallarında en tepedeki, yüksek kalite gösterilerle başlamak zorunda değil. Bu, sosyal bir hareket için bir araya gelmiş birkaç gayretli kişiyle beraber internet vasıtasıyla

yapılan bir halk hareketi kadar başarılı olabilir. Wall Street Hareketinin başlangıcı da bu şekilde olmuştur.

Facebook ve Youtube gibi sosyal medya araçları diledikleri fikri, ister iyi ister kötü olsun, tanıtma cesaretine ve güdüsüne sahip herkese bu imkânı sunmakta ve toplum yanlısı fikirleri bir araya getirmek için yeterli gürültü çıkartabilmektedir. Aşağıda göreceğimiz gibi; hızlı, büyük ve kesin bir değişim gerçekleştirmek küçük, belirli bir azınlığın elindedir.

Çeşitli medya organlarının yanı sıra, kulaktan kulağa yayılma yöntemi de bu değişimin gerçekleşmesinde etkilidir. Fikirler, en iyi bunlar hakkında evde, işte, arkadaşlarla, forumlarda ve sosyal ağlarda konuşarak yayılır. Sadece doğru olduğuna inandığınız şeyleri insanlara söylemek onları düşünmeye iter.

Pazarlama uzmanı Andy Sernovitz Kulaktan Kulağa Pazarlama adlı kitabında şöyle yazıyor: "İnsanların hakkında konuştuğu bir ürünü hiçbir şey alt edemez. Hiçbir yöntem, sevdikleri iş kolunu desteklemeyi üzerine alan müşterilerden daha iyi olamaz."[58]

Fikirleri yaymanın daha gizli yolları da mevcuttur. Fikirler, sadece o konunun düşünülmesi ya da istenmesi yoluyla da uzaktaki insanlara ulaşabilir. 10 Eylül 2009'da The New York Times gazetesi, Clive Tompson'un kaleme aldığı, şu başlıklı bir hikâye yayınladı: "Arkadaşlarınız Sizi Şişmanlatıyor Mu?"[59] Bu hikâyede Tompson, Massachusetts Framingham'da gerçekleştirilen büyüleyici bir deneyi anlatıyor. Deneyde 15.000 insanın yaşantısının detayları belgelenip, elli yıl boyunca periyodik olarak kayıt altına alınıyor. Profesör Nicholas Christakis ve James Fowler'in verilerle ilgili analizi birbirimizi fiziksel, duygusal ve akılsal olarak her seviyede nasıl etkilediğimizin ve düşüncelerin virüsler gibi nasıl bulaşıcı olduğunun şaşırtıcı sonuçlarını ortaya çıkarmıştır.

Christakis ve Fowler; Bağlantıda: Sosyal Ağlarımızın Şaşırtıcı Gücü ve Hayatlarımızı Nasıl Şekillendirdiği – Arkadaşlarınız, Arkadaşınızın Arkadaşları Hissettiğiniz, Düşündüğünüz ve Yaptığınız Her şeyi Nasıl Etkiliyor adlı kitaplarında 5.000'den fazla katılımcı arasında karşılıklı ilişki ağının var olduğunu belirlemişlerdir. Christakis ve Fowler, insanların birbirini sadece sosyal konularda değil fiziksel konularda da etkilediğini keşfettiler.

Thompson "Framingham verilerini analiz ederek" şöyle yazdı: Christakis ve Fowler, ilk kez olarak epidemolojide sağlam temellere dayanan güçlü veriler bulduklarını açıkladılar, öyle ki sigarayı bırakmak veya zayıf kalmak ya da mutlu olmak gibi olumlu davranışlar insandan insana sanki salgın bir virüs gibi geçiyor. Verilerin gösterdiğine göre Framingham katılımcıları sadece sosyalleşerek birbirlerinin sağlığını etkilediler. Aynı şey kötü alışkanlıklar için de doğruydu; arkadaş gruplarının obezite, mutsuzluk ve sigara içme konusunda birbirlerini etkilemeleri söz konusuydu. Sağlıklı kalmak sadece genlerle ve sağlıklı beslenme ile ilgili bir mesele değil gibi görünüyor. Sağlıklı olmak aynı zamanda diğer sağlıklı insanlarla doğrudan yakın olmanın da bir sonucu.[60]

Daha şaşırtıcı olanı ise araştırmacıların keşfettiği gibi bulaşıcılığın bağ vasıtasıyla birinden diğerine atlayabilmesi ve insanların birbirlerini tanımasalar bile birbirlerini etkileyebilmesi. Dahası, Christakis ve Fowler bunun etkilerinin üç aşama öteye (arkadaşın arkadaşının arkadaşı) dahi gidebildiğinin kanıtını buldular. Tompson şöyle yazdı, "Bir Framingham sakini obez olduğunda %57

Dr. Michael Laitman

oranında arkadaşları da obez oluyor, hatta aradaki bazı bağlantıları atladığı da görülüyor. Bir Framigham sakini, eğer arkadaşının arkadaşı obez olursa aradaki bağlantı olan arkadaşı bir kilo bile almasa, tahminen %20 oranında obez olma durumu yaşıyor. Aslında bir insanın kilo alma riski eğer arkadaşının arkadaşı kilo alırsa %10'a kadar çıkabiliyor."[61]

Profesör Christakis'ten alıntı yapan Thompson şöyle yazdı, "Bir anlamda mutluluk gibi insana ait duyguları anlamaya başlamak için bir mandanın hareketlerini gözlemlemeliyiz. Bir mandaya şunu soramazsınız, 'Neden sola doğru koşuyorsun?' Cevap, bütün sürünün oraya koşması, olacaktır."[62]

Ancak, kişinin kilosunu ya da kondisyonunu incelemekten daha önemli sosyal geçişler var. Bir televizyon programında Profesör Christakis, sosyal hayatımızın (aslında çoğunlukla daha önce bahsettiğimiz fiziksel hayatımızın) sosyal ağların ve bu ağların damarlarında dolaşan şeyin gücüne ve niteliğine bağlı olduğunu açıkladı ve şunları ekledi, "Ne pahasına olursa olsun birbirine bağlı bir hayatın faydalarından dolayı sosyal ağlar oluşturuyoruz. Eğer ben size karşı kötü davranırsam ya da sizi üzersem benimle olan bağınızı kesersiniz ve ağ parçalanır. Bu nedenle, sosyal ağların devamlılığını sağlayacak ve onları besleyecek iyi ve değerli olan şeylerin yayılması gerekiyor. Benzer şekilde, sosyal ağlar sevgi, ilgi, mutluluk, özgecilik gibi değerli nitelikleri yaymak için de gereklidir. Esasında, sosyal ağların özümüzle bağlantılı olduğunu ve dünyanın daha fazla bağa ihtiyacı olduğunu düşünüyorum."[63]

Bilgi, Farkındalık ve İyileşme

Karşılıklı sorumluluk ilkesi üzerinde düşünmenin yanı sıra, bunun "popülaritesini" arttırarak, eylemlerimiz vasıtasıyla bunu fark ettirmek zorundayız. Bunu yapmanın en doğru yolu eğitim, medya ve eğlence sektörü aracılığıyla bu düşünceleri yayan Christakis, Fowler ve onlar gibi birçok uzmanı aynı çatı altında bir araya getirmektir.

Bu düşüncelerin yayılması müzisyenler, film yapımcıları gibi her alanda fikirlerini ifade edebilen profesyonellere bırakılmalıdır. İnsanlar neyi seyredip, okumaktan hoşlanacaklarını ve nereye gitmek istediklerini kendileri tayin eder. Bazıları evde, bazıları spor salonunda, bazıları da barda televizyon seyretmekten hoşlanır. Bazısı ise hiç seyretmez ancak bilgiyi ve eğlenceyi internet vasıtasıyla elde eder. Hepsi aynıdır ancak zaman içinde değişmesi gereken şey, var olan bu araçların içeriğidir.

Halen, bu araçlar farkında bile olmadan aldığımız zengin bilgi ağını temsil ediyorlar. Üzerinde fazlaca düşünmeden yalnızca okumaktan ve seyretmekten hoşlanıyoruz. Medyanın içinde reklamcılar gibi kendi fikirlerini bizlere büyük beceriyle aşılayan insanlar var, örneğin bir firmanın diğerlerinden daha iyi olduğunu ya da pazardaki en yeni ürünü elde edemezsek, "hayatımızın" yaşanmaya değer olmadığını söyleyen reklamlar gibi. Tüm bunlar yanlış olduğu halde, reklamı yapılan ürünü satın alıp kendimizi yatıştırana kadar onlar düşüncelerimize ve aklımıza bunları yerleştiriyorlar.

Şimdi de aklımıza hepimizin birbirine bağlı olduğunu ve başkalarını incitmenin kendimizi incitmek demek olduğu fikrini yerleştirdiğimizi düşünelim. "Eğer iyi

hissetmiyorsan, sen iyi değilsin." Tüm dünya bu sloganı benimseseydi ne olurdu?

Ancak değişmesi gereken sadece medya değildir. Eğer okullarda "Aramızdaki Bağlantısallık" öğretilse, üniversitede "karşılıklı bağlılık" üzerine branş yapılabilse veya bireyler ve şirket çalışanlarına "olumlu sosyal davranış ağları" konusunda eğitim verilse yeni bir bütünsel, sosyal atmosfer oluşur ve bu bağlılığın dalgaları her yere yayılır. İnsanlar birkaç ay içinde, bencillikten çok daha değerli gerçek bir alternatif olduğunu hissetmeye başlar.

Her şey değişecek. Başkalarına emir vermek yerine işte ve okulda fikir paylaşımı bağ kurma yöntemi olacak. Okullarda ve üniversitelerde yapılan kişilik testlerine gerek olmayacak çünkü kişinin becerileri cevapların ezberlenebildiği yöntemlere bağlı değildir. Bunun yerine, kişinin değeri bağ içinde olmasına veya geliştirdiği bilgi kanallarının seviyesine bağlı olacaktır. Böyle bir seviyede yapılacak olan kişilik testinin anlamı yoktur çünkü grup içinde görev alma çok daha uygun bir değerlendirme aracı olacaktır.

Okuldaki ve işteki değişimlere ek olarak, sosyal yaşantımız da değişecektir. Birbirine bağlı olma kişinin başarısının ve mutluluğunun anahtarı olduğunda kişinin elde edeceği şey, onun diğer insanlarla kurduğu bağdır. Bu bağı sadece iş ortamında değil büyük ölçüde "iş dışı" zamanlarımızda elde ederiz. Sonuçta, dışarıya çıkmak, sosyalleşmek, oyunlar oynamak ve bunlar üzerinde düşünmek çok daha popüler olacaktır, çünkü bunlar sadece eğlence olarak değil kişinin tüm yaşantısına katkı sağlayan değerler olarak kabul edilecektir.

Sosyalleşme hem kişisel hem de profesyonel bir gelişim aracı olduğundan, iş ortamı daha da sosyalleşecektir. Dahası dayanışmanın takdir edilmesi ve pozitif sosyal bağların önemi, iş yerindeki haksız davranışların sıklığını azaltacaktır. Önceki satırlarda Profesör Christakis'in bahsettiği gibi, "Eğer size karşı kötü davranırsam veya sizi üzersem benimle olan bağınızı kopartırsınız ki bu da sosyal bağı parçalar." Bu davranış biçimi kişinin özel ve profesyonel gelişimine zarar verecektir.

Temel prensip çok basittir: Hepimiz birbirimize bağlıyız, dolayısıyla birbirimize ihtiyacımız var. Öyleyse sorunlarımızı, hepimizin birbirimizin iyiliğinin garantörü olduğu karşılıklı sorumluluk ruhu içinde çözmeliyiz.

Örneğin, bir firma iş verimliliğini arttırmaya ve bunu küresel dünya şartlarına uygun hale getirmeye karar verirse karşılıklı sorumluluk ilkesinin çalışanların eğitiminde (işveren ve çalışanlar aynı şekilde) yol gösterici olmasını ve birbirine bağlı bir dünyada "bir şirket" gibi düşünmelerini isteyebilir. Bu şekilde, bireysel bağlar gelişecek, firma içinde daha iyi bir bilgi akışı olacak, her seviyede daha büyük ölçüde güven oluşacak ve ürünlerin tasarımının ve üretiminin müşteri memnuniyetini geliştirecek şekilde yapılması mümkün olacaktır.

İş ve Eğitim

"Bilim, kahve molasından daha iyi bir ofis iletişim sisteminde ortaya çıkamaz."

Earl Wilson'a ithaf edilmiştir.

Toplum içinde yeni bağlar oluşturma gerekliliği, artan küresel işsizlik sorunuyla başa çıkmamızda bile bize yardımcı olacaktır. Ekonomik İşbirliği ve Gelişim Örgütü

(OECD) ve Uluslararası İşçi Örgütü (ILO) yöneticileri yakın zamanda şunu açıkladı: "İşsizlerin sayısı hâlihazırda dünya genelinde 200 milyon ki bu rakam Büyük Durgunluk döneminde kaydedilmiş sayıya en yakın rakamdır."[64] Uyarı şöyle devam ediyor: "Analizler gösteriyor ki, 2012 yılının sonuna kadar işsizlik artmaya devam edecek ve 2012 yılının sonunda 40 milyon ve 2015 sonunda çok daha fazla iş açığıyla sonuçlanacak."

Huffington Post gazetesine göre "İspanya'nın işsizlik oranı, 4,9 milyon gibi rekor bir rakamla 2011 yılının ilk çeyreğinde %21,3'e kadar yükseldi."[65] U.S İşçi İstatistik Bürosunun raporuna göre Amerika'daki mevcut işsizlik oranı 13,3 milyon işsizle % 8,6'dır.[66]

Ancak en çok korkutanı ve istikrarsız olanı da Euro Bölgesi'nde özellikle İspanya, Yunanistan ve Amerika'daki gençlerin işsizlik oranıdır. Reuter ajansından Felix Salmon'un, 22 Aralık 2011'deki bir haberinde şöyle yazıyor, "İspanya, Yunanistan ve hatta İrlanda'da genç nüfusun işsizlik oranı %50'ye ulaşıyor, krizden beri işsizlik oranı %10'dan %30'lara çıkarak tavan yaptı."[67]

Haber, Amerika'yla ilgili olarak şöyle devam ediyor: "Gençliğin işsizlik oranı şimdilerde %18,1 ve siyahlar için bu rakam %31 fakat burada not edilmesi gereken şey sadece net seviye değil, aynı zamanda artışın çok keskin oluşudur (2007'de bu oran %10 iken 2011'de bu oran %18'in üzerindedir.)"

Rapor açıkça söylemek yerine çok net anlamı olan sert bir benzetme yapıyor: "Amerika'nın içinde bulunduğu koşul, kesinlikle Arap Baharına neden olan Orta Doğu'da gördüğümüz seviyeyle aynı. Biz Fas ve Suriye'den yukarıdayız ancak Mısır ve Tunus'tan aşağıdayız."

Genç ve eğitimli nesil en iyi yıllarını ve kaynaklarını (veya ebeveynlerinin kaynaklarını) artık var olmayan bir dünya için harcadığını düşünüyor. Bu değerlendirme sadece içgüdüsel bir duygu değil. Avrupa'nın önemli sosyologlarından Profesör Ulrich Beck, Çalışmanın Cesur Yeni Dünyası adlı kitabında şöyle açıklıyor: "Her geçen gün daha fazla insanın akıllı teknolojilere yenilmesi çalışan kesimin sonunu hazırlıyor. 21.yüzyılın sonunda işe girmek için verilen mücadele, Titanik'in güvertesinde yaşanan mücadeleye benzeyecek. 'Yaşam boyu iş' kayboldu ve tüm maaşlı işlerde çalışanlar başkalarıyla yer değiştirilme tehdidi altında." [68]

İstesek de istemesek de kriz ihtiyaç fazlası endüstrilerin küçülmesine ve dünya nüfusunun çoğuna iş alanında ihtiyaç duyulmamasına neden olacak. Peki, insanlar şimdi veya gelecekte çalışmayacaklarsa ne yapacaklar? Nasıl yaşayacaklar? Eğer hükümet veya başka bir kurum tarafından ihtiyaçları karşılanırsa, bütün gün boş kalmak onları ruhsal ve duygusal olarak yıpratmaz mı? Bu, her türlü toplum için sürekli olarak huzursuzluğun, düzensizliğin ve suçun söz konusu olduğu yıkıcı bir durum yaratacaktır.

İnsanın boşta kalmasına çözüm onları tekrar okullara göndermektir. Ancak, bu tekrar bir lise veya bildiğimiz herhangi bir yetişkin sistemi eğitimi olmayacaktır. Bu, "Birbirine Bağlı Dünya Vatandaşları için Küreselleşme Okulu" olacaktır. Bu okuldaki çalışmalar için para vermek gerekmeyecek. Tersine, okul katılımcılarına tıpkı üniversite öğrencilerinin aldığı gibi, burs verecektir. İşsizlik yardımı vermek, çalışan insanların maaşını ödemekten daha az maliyetli olduğundan, kamu hizmeti ücreti kesildiğinde tasarruf ettiği parayla devlet, bursları finanse edecektir.

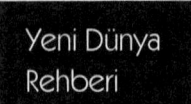

Dr. Michael Laitman

Birbirimize bağlı olduğumuz bilincinin artmasıyla, "sahip olmayanlarla" "sahip olanlar" arasındaki paylaşımın kolay olacağı bir atmosfer yaratılmış olacaktır. Gelişmiş muhasebe yöntemleriyle vergi kaçıran zenginlerden ziyade sadece sabit vergileri toplama yöntemiyle bile olsa vergilendirmede bir ayarlama yapılması da mümkün. Tekrarlamak gerekirse, tüm bunlar isteyerek olmalı. Bir kez toplumun büyük bir kesimi birbirimizle olan bağımızı ve bağımlılığımızı idrak edip buna göre yaşamayı arzularsa tüm bu değişimler gönüllülükle gerçekleşecektir.

Paylaşım paranın paylaşımı şeklinde olmak zorunda değildir: Bu, evleri ucuza kiraya vermek, piyasa mallarının kâr payını daraltmak gibi kişinin topluma desteğini gösterecek sayısız diğer yöntemle de mümkün olabilir.

Küreselleşme Okulu'nda yer almak için ödeme yapılması bir bağış gibi düşünülecektir, çünkü işsizlere verilen yardım negatif sosyal bir etiket taşırken, bağışlar için bu söz konusu olmayacaktır. Çocukların yeni okullarında kendilerini güvende hissetmeleri ve bundan gurur duymaları önemlidir. Bu güven, onları öğrendikleri materyale karşı daha açık hale getirecektir.

İnsanlar Küreselleşme Okulu'nda, herkesin birbirine bağımlı olduğu bu dünyada varlıklarını sürdürmek için kendilerini eğitmesini öğrenecekler. Bu kitabın başında daha önce bahsettiğimiz gelişim yolunu, toplumun bu sürece adapte olma gerekliliğini, bunun yararlarını ve bunu geciktirmenin zararlarını öğrenecekler. İnsanlar iletişimin önemini, bunun yollarını öğrenecek ve ev ekonomisi, kişilerarası iletişim ve hızlı değişim için gereken bilgiler gibi pratik beceriler elde edecekler.

İnsanların oldukça çok boş vakti olacağından bunu yeni beceriler öğrenmek için kullanacaklar. Bu beceriler okulda öğretilecek ancak, aynı zamanda insanlara iş bulmada, yeni insanlarla sosyalleşme veya topluma katkıda bulunacak yeni alanlar açmada yardımcı olacaktır. Gerçek bir beceri, ister çiftçilik ister bilgisayar programcılığı olsun bugün olduğu kadar gelecekte de faydalı olacaktır. İnsanların geçimi ürünlerini satma becerisine bağlı olmayacağından, gerçekten neye ihtiyaçları varsa ve ne faydalıysa ona odaklanacaklar. Üreticiler, insanları istediklerinden daha fazla harcamaya zorlayan modası geçecek ürünler yerine, uzun süreli kullanılacak ürünler üretecekler.

Herkesin sosyalleşmek için zamanı olacak. Okula veya işe gidecekler fakat bugünkünden çok daha fazla boş zamanları olacak ve onlar da bu zamanı sosyalleşmek için kullanacaklar. Burada sosyalleşme bir amaç olarak değil, özünde manevi zenginleşme, yardımlaşmayı öğrenme, bilginin yeni alanlarıyla ilgili bir anlayış kazanma, yeni düşünce kalıplarına sahip olma veya sadece daha çok arkadaş (Facebook arkadaşı değil, gerçek arkadaş) edinerek kişisel güven elde etme anlamındadır.

Bundan birkaç yıl sonra yaşam çok farklı olacak. Bugün insanlar o kadar stresli ki nefes almak için bile zamanları yok. Sürekli olarak dönen ve gittikçe hızlanan bir fare yarışı çarkının içinde yaşıyoruz. Ancak endüstri daraldığında ve uzun saatler boyunca çalışmak zorunda kalmadığımızda, ilgi alanlarımıza ve sosyal bağlara ayıracak zamanımız olacak. Sonra da gerçek büyümeyi ve mutluluğu deneyimleyeceğiz.

The New York Times gazetesinin "Dünya Dolu"[69] köşe yazarı ve Dünya Düzdür: 21.Yüzyılın Kısa Tarihi adlı kitabın yazarı, Thomas Fredman, köşesinde Paul Gilding'in,

'Büyük Karmaşa: Neden İklim Krizi Alışverişin ve Yeni Dünyanın Doğumunu Sonlandıracak' adlı kitabını ele aldı. Fredman, Gilding'den alıntı yaparak şöyle dedi, "Eğer yetiştirdiğinizden daha çok ağaç keserseniz tüm ağaçlar tükenir." Yakında gerçekleşecek Büyük Karmaşanın etkisi kendini gösterirken, Gidling şöyle yazıyor, "Cevabımız nispeten dramatik olacak ve savaştaki gibi hareket edeceğiz. Enerji ve taşıma endüstrilerimiz dâhil, ekonomimiz birkaç on yıl içinde bugün hayal bile edemeyeceğimiz bir hız ve ölçüde tamamen değişecek."

Friedman, Gilding'e göre müşteri odaklı büyüme modelinin yok olacağını ve insanların az çalışıp azla yetineceği daha mutlu bir gelişim modeline doğru hareket etmemiz gerektiğini, yazdı. Gilding şöyle soruyor, "Ne kadar insan ölüm döşeğinde yatarken şu yalanı söyleyecek, 'Keşke daha çok çalışıp daha çok şey sahibi olsaydım', ve kaç tanesi 'Keşke daha çok hoşça vakit geçirip çocuklarıma daha çok kitap okusaydım, daha çok yürüyüş yapsaydım' diye soracak? Bunu gerçekleştirmek için, insanların hayattan zevk almasına daha çok olanak verecek bir gelişim modeline ihtiyacımız var."

Eğitimin Prensipleri

"Dünyayı düzeltmek demek, eğitimi düzeltmek demektir."[70]

Janusz Korczak, Eğitimci

Buraya kadar genel olarak yetişkin toplumundan ve eğitiminden bahsettik. Ancak, uzun vadede geleceğimiz kendimizi değil çocuklarımızı nasıl eğiteceğimize bağlıdır. Bu nedenle çocuk eğitimindeki bazı temel unsurları anlatmamız uygun olacaktır.

Eğitimde en önemli unsur okuldur. Yeni dünyada okulun amacı, sınavı geçmesi için öğrenciye sadece bilgi vermek değildir. Tersine, okul çocuğu bir insan veya daha da iyisi insancıl olarak yetiştirmelidir. Yetişkin olduklarında yaşayacakları dünyayla ilgili eğitilmelidirler. Yetişkinlerde görmeyi arzuladığımız insanlarla bağ ve iletişim içinde olmanın önemini ve gerçek, yapıcı ilişkiler inşa etme yöntemlerini onlara öğretmeliyiz.

Bu, okullarda ve daha da önemlisi okul öncesi evde oluşturacağımız toplum yanlısı bir çevreyle başarılabilir. Sınıflarında en iyi nasıl olacaklarını öğretmek yerine, bütün çocukların birbirine bağlı, arkadaşlık ve eşitlik atmosferinin var olduğu bir toplum oluşturmayı onlara öğretmek zorundayız. Örneğin ayrı ayrı ve sıralar halinde oturmak yerine daireler oluşturacak şekilde oturabilirler. Oyunlar aracılığı ile güçlerini ve bu çalışma şekline ait olduklarının hissini ortaya çıkartabiliriz.

Bireysel öğrenme yerine sosyal öğrenme kavramı, kuramsal bir düşünce değildir. Bu kadar net görülen faydalara bu kadar uzun süre nasıl kayıtsız kaldığımıza şaşıracak kadar birçok kez başarıyla tekrarlanmıştır.

"Eğitimsel Psikolojinin Başarı Öyküsü: Karşılıklı Sosyal Dayanışma Teorisi ve Kolektif Öğrenme" adlı makalede, Minnesota Üniversitesi profesörlerinden David W. Johnson ve Roger T. Johnson, büyük ilgi uyandıran "karşılıklı sosyal dayanışma" teorisini inceliyorlar. Şöyle yazıyorlar: "Geçtiğimiz 11 yılda iş birlikçi, rekabetçi ve bireysel çabayla ilgili, 1.200'den fazla araştırma yürütüldü."[71]

Johnson ve Johnson iş birlikçi öğrenimle, bireysel olan rekabetçi öğrenimin geçerliliğini kıyasladılar. Sonuçlar tartışmaya yer bırakmayacak türdendi. Bireysel güvenilirlik

ve kişisel sorumluluk anlamında şunu ortaya çıkardılar: "Grup üyelerini birbirine bağlayan karşılıklı pozitif dayanışma, (a) üzerine düşeni tamamlamak ve (b) diğer grup üyelerinin işini hafifletmek için sorumluluk duyma ile sonuçlanıyor. Dahası, bir kişinin performansı o işte ortak çalışanların sonuçlarını etkilerse, kişi kendinin olduğu kadar diğerlerinin refahı için de sorumluluk hissediyor. Kendin için başarısızlık kötü ancak kendinle beraber başkalarını da başarısız kılmak daha da kötü."[72]

Diğer bir deyişle, pozitif dayanışma, bireyselliğin narsisizm seviyesine ulaştığı hâlihazırdaki trendin tersine, insanları iş birliği içinde olmaya ve birbiriyle ilgilenmeye doğru getiriyor.

İş birliğinin yararlarını göstermek için araştırmacılar, rekabetçi olanlara karşılık iş birliği içinde olan öğrencilerin başarılarını ölçtüler. "İşbirliği içinde olan bir insanın, bireysel veya rekabetçi hareket eden sıradan bir insana göre, standart sapmanın yaklaşık üçte ikisini başardığı görülmüştür."[73]

Ortalamanın üzerinde olan böyle bir sapmanın anlamını anlamak için şöyle düşünün; eğer bir çocuk D ortalamasındaysa, iş birliği ile notları şaşırtıcı bir biçimde A ortalamasına yükselecektir. Ayrıca şunu da yazdılar: "İş birliği, bireysel ve rekabetçi çabaya kıyasla uzun vadede sürekliliği, yüksek içsel motivasyonu, başarı beklentisini, yaratıcı düşünceyi ve ödev ve okula yönelik daha pozitif davranışları destekleme eğilimindedir."[74]

Ortak çalışmaya dayalı eğitimde, öğretmenin rolü materyali dikte ettirmek değil, her şeyin üstünde çocuklara rehberlik etmektir. Çocuklar öğretmenlerini yetişkin bir arkadaş ve bilgili bir kişi gibi görmelidirler. Öğretmen ve

öğrenciler bir daire içinde eşit aralıklarla beraber oturmalı ve eşit bireyler olarak konuşmalıdırlar. Burada üstünlük ve kontrol yerine çocuklar, grup içindeki çabaları veya iletişimleri vasıtasıyla birçok şeyi keşfetmelerine yardım edecek deneyimli bir rehberlik alacaklardır.

Çocuklar birbirlerinin kişisel yeteneklerine ve benzersizliklerine saygı göstererek, tartışmayı, fikir paylaşımını öğrenecekler. Bu, her birinin kendi düşüncesini özgürce ifade etmesine ve kendi niteliklerini ortaya çıkarmasına olanak sağlayacaktır. Bu şekilde, çocuklar dünya görüşlerini genişletip yeni fikirler ve görüş açılarına sahip olacaklar.

Bu öğrenme yöntemi, onlara sahip oldukları tüm bilgi ve gücü vereceğinden çocukların önem verdiği en önemli şey aralarındaki bağa değer vermek olacak. Başkalarıyla beraber çalışmaktan ve her birinin değerinin bireysel mükemmellikle değil, sadece grubun başarısını desteklemesiyle ölçüldüğü bir ortamda olmaktan keyif alacaklar.

Çalışma grupları nispeten küçük olmalı ve her grupta diğerlerinden iki veya üç yaş büyük birkaç öğrenci daha onlara katılmalıdır. Bu büyük çocuklar eğitmen gibi görev alacaktır. Başka çocukları taklit etmek çocukların doğasında vardır ve çocuk eğitmenler taklit edileceklerinden en iyi öğretmenler olacaklardır. Yaşları büyük olan bu çocuk eğitmenlerin kazancı da materyali ve kendilerini derinden anlamak, topluma katkı sağlama olanağı elde etmek ve bunun takdirini almak olacaktır.

Çocukların disipline edilmesi de bugünün okullarından farklı olacak. Kusurlu bir davranış olduğunda çocuklar, durumu nasıl ele alacaklarına yetişkin ve profesyonellerle

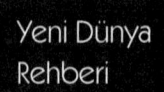

Dr. Michael Laitman

birlikte kendileri karar verecekler. Çocuklara mutlaka yapıcı düşünme ve bu düşünceyi öğretmek için büyük bir fırsat olan küçük kriz anlarını analiz etme öğretilmelidir. Eğer bir çocuk yanlış davranırsa tüm sınıf bununla ilgili olarak toplanıp bu davranışın tekrarlanmaması için ne yapılması gerektiğini aralarında tartışacaklar.

Bu münazara teorik bir süreç olmamalıdır. Tersine, çocuklar (münazara konusu olanlar değil) benzer bir durum yaratarak nasıl hissettiklerini, onları bu şekilde davranmaya neyin ittiğini ve olayla ilgili diğer şeyleri sınıfa anlatmalıdırlar. Sonra bütün çocukların katılacağı bir grup tartışması yaparak karara vardıklarında, hepsi bu olaydaki tüm tarafları "deneyimlemiş" olacaklar. Dolayısıyla, verdikleri kararı daha adaletli, sevecen ve anlayışlı bir yaklaşımla alacaklardır.

Bu tarz tartışmalar, çocuklara meseleleri başka açılardan görme fırsatını verecek ve aynı mesele ile ilgili olarak birçok görüş olmasının doğal ve anlaşır olduğunu görmelerini sağlayacaktır. Dahası, tekrarlanan taklit ve değişik fikirlerin incelenmesiyle düşüncelerin değişebileceğini, pişmanlık duymayı, yanlışlarını kabullenmeyi ve kendininkilerden ziyade arkadaşlarının düşüncelerini haklı çıkarmayı öğrenecekler.

En azından haftada bir kere, yaşadıkları dünyayı "daha yakından" tanımalarına yardımcı olacak okul dışı gezilere gitmeliler. Tavsiye edilen gezi yerleri arasında normalde gitmedikleri ve haklarında bilgi sahibi olmadıkları banka, polis merkezi, her türlü müze, fabrika ve mahkeme gibi yerler olmalıdır.

Bu gezilerde ziyaret edilecek yerle ilgili olarak açıklamalar, orada onları nelerin bekledikleri, orayla ilgili

neler bildikleri, bu yerin hayatlarındaki rolü ve bu rolü ne kadar iyi gerçekleştirdikleri çocuklara önceden verilir. Çocuklar, ziyaret edecekleri bu yerin topluma sağladığı fayda, orada çalışan insanlar ve burada çalışmak için gereken eğitim ve öğretim gibi konuları aralarında tartışırlar. Geziden sonra çocuklar izlenimlerini paylaşıp tartışabilir ve bu sayede birbirlerinin farklı kişisel düşünceleriyle zenginleşirler.

Bu geziler ve turlar sayesinde çocuklar, dünyayı sadece bir yönetmenin bakış açısıyla yapılmış televizyon programlarını seyrederek değil, tersine çok daha kişisel olarak tanıma olanağına sahip olurlar, örneğin okullar sayesinde gidilmeseydi çocuklar müzelerle ilgili fazla bilgi sahibi olmazlardı. Gezdikleri yerleri öğrenmenin ötesinde, hayatlarını etkileyen unsurları görerek toplumu birbirine bağlayan ağı ilk elden hissetme olanağı bulurlar.

Sadece farklı yerler görerek ve bu yerlerin hayatımızdaki fonksiyonları ve başka yerlerle bağlantılarını "ilk elden" deneyimleyerek dünyanın bir bütün ve her şeyin birbirine bağlı olduğunu öğrenecekler. Bu bilgiler çocuğun kendine güveni ve okul dışı hayata hazırlığı için son derece önemlidir.

Diğer bir öğrenme yöntemi de video kamerasıdır. Tüm derslerin, yani "ders" değil de münazara ve grup çalışmalarının kaydedilmesi önerilir. Çocuklar kolaylıkla kameranın varlığına alışacak ve doğal davranacaklardır. Özel önem gerektiren durumları tekrar seyrederek kendilerini dışarıdan izleme olanağı bulacaklar. Böyle bir kaydı seyrederek grup olarak nasıl çalıştıklarını, müdahale edildiklerinde nasıl davrandıklarını, birbirleriyle ilişkilerini daha net bir şekilde analiz edebilecekler. Buna göre kendilerini ve başkalarıyla olan ilişkilerini yargılayıp nerede başarılı olduklarını ve nerede gelişmeleri gerektiğini gözlemleyebilirler.[75]

Yeni Dünya Rehberi

Dr. Michael Laitman

Değişim için Hep Beraber Gayret Etmek

"Birbirimize hiçbir şekilde yabancı değiliz ve ortak bir kaderle birbirimize bağlıyız. Bu zor zamanlar bizi birbirimize her zamankinden daha çok bağlamalıdır."

Christine Lagarde, Uluslararası Para Fonu Genel Direktörü [76]

Hem yetişkin hem de çocuk toplumlarında tanımlanan tüm bu değişimler etrafımızda yeni bir atmosfer oluşturacaktır. Gördüğümüz gibi, bu değişimler hayatımızın her alanını etkileyecektir: iş, aile, arkadaşlar, okul, yargı sistemi, medya, sosyal ilişkiler, uluslararası ilişkiler, ticari ilişkiler ve benzerleri.

İşin ilginç yanı, tüm toplumun bu değişimi harekete geçirmesine gerek yok, bunu az sayıda insan da gerçekleştirebilir. Rensselaer Politeknik Enstitüsü'ndeki (RPI) bilim adamları, toplumun sadece %10'u aynı görüş veya inancı paylaştığında geri kalanın bu düşünceyi benimsediğini keşfettiler. Bu matematiksel modeller gösteriyor ki, %10'un altında bir kabullenişte etki pek fark edilmiyor, ancak %10 seviyesine ulaşıldığında bu görüşler çığ gibi yayılıyor.[77]

Genel olarak internetin ve özellikle de sosyal ağların fikirlerin hızla yayılmasına olanak sağladığını dikkate alırsak, hepimizin geleceği için tüm farklılıkların üzerinde bağ kurmamız gerektiğiyle ilgili konuşmaya başlamamız ve mümkün olduğunca çok insanı bu kavrama yaklaştırmaya başlamamız gerektiğini görebiliriz. RPI'daki bilim adamları bu süreç için Tunus ve Mısır örneklerini vererek şöyle dediler: "Bu ülkelerde yıllardır gücü elinde tutan diktatörler birkaç hafta içinde alaşağı edildiler."

Şöyle bir düşünürseniz, bugün sahip olduğumuzdan daha güvenli, dostane bir dünya isteyenlerin sayısının %10'un üzerinde olma olasılığı oldukça yüksek, dolayısıyla nüfusun %10'unun kararlı olma yani değişimi başlatması olasılığı göründüğünden çok daha yüksek olabilir.

Hayatımız için Mücadele

Karşılıklı sorumluluk zıtların bir araya gelmesiyle büyüyen bir alan gibidir. Doğrusu, her bakımdan birbirimizden farklıyız; düşüncelerimizde, alışkanlıklarımızda ve bedenlerimizde. Ancak aynı zamanda, realitenin bağ kurmamız ve beraber çalışmamız için bizi zorladığını görüyoruz. Karşılıklı sorumluluğun hayatın temel yasası olduğu mesajını yansıtan bir toplum, bu kavramı sadece entelektüel olarak anlamamızı sağlamaz, aynı zamanda bunu günlük yaşantımızda uygulama arzusunu da verir. Bir ürün veya hizmetin tanıtımında iyi bir reklamın ses getirmesi ve onu almaya mecbur hissetmemiz gibi, karşılıklı sorumluluk kavramıyla ilgili bir yankı yaratarak bizim bu bağı kurmak zorunda olduğumuzu ve böyle bir bağ içinde yaşamanın ne olduğunu hissetmemiz gerekiyor.

Küresel düşünen düzenli ve uyumlu bir toplum inşa etmek, her birimizin evrensel bir dünya algısı oluşturmasını sağlayacak. Realiteyi "ben" ve "onlar" şeklinde algılamak yerine, "biz" veya "hepimiz" olarak görmeye başlarız. Kişisel hazlar istemek yerine, toplumun genel hazzını arzularız. Bakış açımız bireyselden kolektife genişler ve içimizde yeni anlayışlar uyanır.

"Çeşitlilik sadece görünüştedir. Gerçekte, sadece tek bir akıl vardır."

Erwin Schrödinder, fizikçi, kuantum mekaniğinin kurucularından.[78]

BÖLÜM 4

Dr. Michael Laitman

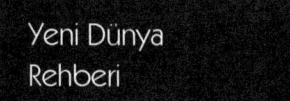

SOSYAL ADALET

"Batı sadece büyümeyi sağlamakta zorlanmıyor, aynı zamanda sosyal adalet gerektiren evrensel büyümede zorlanıyor."

Mohamed A. El-Erian, PIMCO'nun CEO'su, Pazarlar Çarpıştığında kitabının yazarı [79]

2011 yılının küresel sosyal huzursuzluğu ciddi bir zorlanma yarattı. Bir taraftan, herkesin iyi bir yaşam standardına sahip olma talebi anlaşılır bir durumdur. Öte yandan, eğer hükümetler fonksiyonel ekonomilerini korumak istiyorlarsa bütçelerini aşamazlar. Tüm dünyada birçok ülkenin muhtemel iflasın eşiğinde bulunduğu ve derin bir ekonomik krizin söz konusu olduğu bu günlerde zaten açık veren bir bütçeyi arttırmak sorumsuzluktur. Bununla birlikte, insanlar sosyal adalet talep ediyorlar ve buna da hakları var. Peki, hükümetler ne yapmalı?

İlk olarak, tıpkı Einstein'ın söylediği gibi şunu akılda tutmak önemlidir: "Karşı karşıya kaldığımız sorunlar, onları yaratırken kullandığımız aynı düşünce biçimiyle çözülemez."[80]

İsrail'deki Deutsche Bank delegasyonunun CEO'su Boaz Schwartz, Israil finans gazetesi Globes'un organize ettiği panelde şöyle konuştu: "Yaşamakta olduğumuz yoğun sosyal duyguları hafife almamalıyız. Bu duyguların gelecek yıllarda geniş yankısı olacak. Sosyal kavramlar, eşit gelir dağılımı ve farklı fiyatlandırmaya yönelik bir dünya hazırlamalıyız… Kendilerini bu koşullara uyduramayan ülkeler zor durumda kalacaklar; ekonomileri sıkıntı çekecek."[81]

Ekonominin, birbirimizle olan ilişkilerin doğasına da yansıdığını unutmamalıyız ki, bu daha sonra parasal ilişkilerimize de "yansır". Kaynakların toplumda dağılımı ve sosyoekonomik ideoloji, toplumun değerlerinden ve bireylerin arasındaki ilişkiden türemiştir. Bu yüzden, ekonomi bir Doğa kanunu veya fizik ya da kimya gibi müspet bilimlerin kanunu değildir.

Bu nedenle, ekonomi dalında Nobel Ödülü sahibi Joseph Stiglitz, 2011 yılı Lindau Nobel Laureate Ekonomik Bilimler Toplantısı'nda şöyle demiştir: "Herhangi bir bilimin analizi bir öngörüdür. Eğer küresel mali kriz gibi önemli bir konuda veya yaşamakta olduğumuz krizin büyüklüğüyle ilgili olarak bir tahminde bulunamıyorsanız, oluşturduğunuz modelde kesinlikle bir yanlışlık vardır."[82]

Bunu benzer olarak, İsrail Bankası yöneticisi ve Uluslararası Para Fonu (IMF) eski başkan yardımcısı Stanley Fischer, CNBC Ekonomi Muhabiri Steve Liesman'a verdiği röportajda şöyle dedi: "Çok zor bir alandayız. Ders kitaplarının beş yıl önce olmamızı beklediği yerde değiliz... Son derece zor koşullarda çalışmalarımızı yürütüyoruz ve bu durumda kitaplar ne yapmamız gerektiğini söyleyemiyor."[83]

Önceki bölümde belirtilen sosyal, iletişimsel ve eğitimsel değişimlere doğru yönelirsek, yeni, evrensel bir ekonomi kavramını ve yeni dünyanın yasalarıyla uyum içinde olan topluma duyarlı bir yapı inşa edebiliriz. Karar verme ve uygulama süreci, sosyoekonomik sistemin yapısı, karar vericiler ve bu kararların uygulanması karşılıklı sorumluluk hissiyle yapılmalıdır.

Diğer bir deyişle, yaşamlarımızın sürdürülebilirliğinin garantisinin doğru sırası, karşılıklı sorumluluk ihtiyacının açıklanmasıyla başlar. Sosyal ve ekonomik sistemler bu ihtiyaca göre tekrar tanımlanıp yapılandırılmalıdır. Bu koşullar sağlanana ve yeniden yapılanma gerçekleştirilene dek, tüm katılımcıların eşit statüde olduğu ve temel gereksinimleri için talepte bulunan az gelirlilere ortak yardımda bulunmaya hemfikir olunan yuvarlak masa müzakereleri düzenlemeliyiz.

Yuvarlak masa müzakerelerinde anlaşmayı nasıl başaracağımızın üzerinde duracağız ancak öncelikle mali sermayenin bu şekilde paylaştırılmasının refahın güvence altına alınmasında yeterli olmayacağına dikkat etmek önemlidir. Başkalarının iyiliği için kaygılanmak, insanların saygın bir yaşam sürdürmeleri için gereken minimal koşullara sahip olmalarını gerektirir. Bu mali yardımlar, bireysel finans eğitim eğitimi (ev ekonomisi) ile birlikte toplumun iyileşme sürecinde ilerlememize olanak sağlayacaktır.

Anlaşmayı Başarmak

Toplumun her kesiminden temsilciler yuvarlak masa müzakerelerinde bir araya gelmelidir. İnsanlık ailesinin "temsilcileri" olarak, onların sırtında ağır bir sorumluluk olacaktır. Tüm insanlığın tek bir aile olduğu hissi olmadan masadaki temsilciler bir sonuca ulaşmada başarı elde edemezler.

Bu müzakerelerin başarısının diğer bir gerekli koşulu ise şeffaflıktır. Tüm konuşmalar, tartışmalar, çekişmeler ve zorlu karar süreçleri de dâhil olmak üzere canlı yayınlanmalıdır. Her şey tüm dünyanın gözleri önünde gerçekleşmelidir. Bu bir bakıma sonuçların tüm insan ailesini yani her birimizi etkilediği bir canlı televizyon programı gibi olmalıdır. Tıpkı böyle bir canlı programda olduğu gibi seyircilerin son kararda sözü olacaktır.

Gerçek realitemizde seyirciler yani bizler de masanın etrafında oturuyor olacağız. İnsanlar önceliklere göre karara varmak zorunda olacaklar. Bu, herkesin katılım ve dâhiliyetine ihtiyaç duyulan uzun bir süreç olacaktır. Açıkçası, bu basit bir egzersiz olmayacak ancak toplumu yeni baştan inşa edeceğimizden bunun başka bir yolu yoktur. Sadece tüm insanlığı kararlarımıza dâhil ettiğimizde, kendimizi gerçek bir aile gibi hissedebiliriz.

Araştırmalar göstermiştir ki bir kişi karar alma sürecine dâhil olduğunda, sonuçta ne karar alınırsa alınsın kişinin katılımı sürece olumlu bir yaklaşım katmaktadır. Diğer bir deyişle, verilen karar o kişiden ziyade toplumun diğer kesimlerinin yararına olsa bile, karar almada katkı sağladıkları için başlangıçta uygun görmeseler de bunu destekleyeceklerdir. Dolayısıyla, lobicilerin yarattığı baskısıyla karar vericilerin vatandaşları önemsemediği hissiyatı yerine sosyal dayanışma ve güven hissine bırakacaktır.

Aslında, yuvarlak masanın işleyiş tarzı (modus operandi) tüm kararlarımız için kullanmamız gereken bir yol olmalıdır. Bu, toplumun ve devletin yönetim biçiminin bir parçası olmalıdır. Yaşantımızda, sorunlarımızla ilgili olarak sıklıkla tartışır, onları değerlendirir, derecelendirir, öncelik verir ve beraberce nasıl çözeceğimize karar veririz. Yuvarlak masa, gerçek anlamda nasıl tek bir aile olacağımızı bize öğretecek mükemmel bir araçtır.

Bununla beraber, şehir, ülke veya dünya seviyesinde herkesi bir aile gibi görmek demek kendi düşüncelerimizden vazgeçmek anlamına gelmez. Tersine, tüm görüşler ve yaklaşımların bir değeri vardır. Hepimizin tek bir aile olduğunun idraki şunu gösterir ki, farklı görüşlere sahip olanların da ailede yeri vardır ve daha da ötesi, farklı görüşleri zenginliğimizin tükenmez bir kaynağı olarak görmemiz gerekir. Bu farklılıklar yeni bakış açıları, sorunların çözümüne yeni yaklaşımlar ve bizimkinden farklı olan fikirler olmasa edinemeyeceğimiz yeni bilgiler sağlar.

Halkın yararına olan şeylerin değerini arttırmak, gerektiğinde kendi görüşlerimizden vazgeçmemize yardım eder. Fikirlerimizi dile getirirken bir başkasının fikrinin topluma daha iyi hizmet ettiğini gördüğümüzde o görüşü benimseriz. Tıpkı bir ailede olduğu gibi, kolektif fayda her şeyden ağır basar.

Gerçekten de, dünya neden bir aile gibi olmasın? Sosyal adaletin geçek anlamı bu değil midir? Bunu gerçekleştirmenin ve korumanın başka bir yolu var mı?

Bu yeni dünya görüşünün başlangıcı çok da kolay olmayacaktır. Farklılıklar ve engeller beklenmelidir. Yine de, bu süreci gerçek bir uzlaşmayla gerçekleştirmede açık müzakerelerin farklılıklarımızla çalışmamıza olanak verdiğini öğreneceğiz ve geniş çaplı bir anlaşma zemini elde edebileceğiz. Aslında, yuvarlak masa sadece eşit kişiler arasında açık bir müzakere yöntemi değil, aynı zamanda alternatifi olmayan uluslararası ve ulusal seviyede bir eğitim sürecidir.

Karşılıklı Sorumluluğun Faydaları

Yukarıda bahsedildiği gibi, yeni dünya karşılıklı sorumluluk yaklaşımını benimsememizi gerektiriyor. Bu kavram, ilk bakışta gerçek hayatta uygulanamaz saf bir düşünce gibi görünebilir ancak karşılıklı sorumluluk yaklaşımının uygulanmasının toplum ve ekonomi için çok büyük sonuçlarının olması söz konusudur. Aşağıda, bu sonuçlardan en önemli üç tanesini açıklayacağız: Pozitif bir sosyal atmosfer, artan ihtiyaç fazlası ve yaşam maliyetlerinin azaltılması. Karşılıklı sorumluluğun ekonomiyle ilgili faydalı sonuçlarını "Yeni Ekonominin Faydaları" adlı kitapçıkta detaylı olarak bulacaksınız.

1) Pozitif Sosyal Atmosfer: Kişinin sosyal değerlerle ilgilenmesi, gelişim için son derece gerekli olan olumlu bir hava yaratacaktır. Yeni bir ruh hali hepimizi saracak ve kalplerimiz daha iyi ve aydınlık bir gelecek umuduyla dolar. Karşılıklı saygı ve dayanışma gibi değerleri güçlendiren bir toplumda aramızda kuvvetli bir güven hissi gelişir. Bu his kişisel zenginliğe değil, daha ziyade başkalarının bizimle ilgilendiğini bilmeye dayanır. Sadece böyle destekleyici bir ortamda başkalarının bizi kullandığı veya "herkesin bizim peşimizde" olduğu endişesinden kurtulabilir ve gerçek anlamda gelişip başarılı olabiliriz.

2) İhtiyaç Fazlasının Arttırılması: Karşılıklı sorumluluk, ihtiyaç fazlasını verimli hale getirecektir. Düşünsenize evimizde ihtiyacımız olmayan ne kadar çok "ıvır zıvır" var. Her kişi, işletme, belediye ve hükümet kendini kolektif bir "ailenin" parçası gibi hissettiğinde yiyecekte, mal ve hizmetlerde muazzam ihtiyaç fazlası ortaya çıkacak. Tüm bunlar başkalarının kullanımı için aktarılabilir ve parasal fazlalıklar mevcut ihtiyaçları karşılamada kullanılabilir. Bu, bütçe veya vergilerin arttırılma ihtiyacını önemli ölçüde azaltacaktır.

Diğer bir nokta da belediyelerin fon bulmak için mücadele etmeyecek olması, çünkü herkes birbirinin iyiliği için sorumluluk hissedeceğinden, "Kimse beni düşünmediğinden, ben kendi menfaatimi düşünmeliyim" düşüncesi olmayacak. Dolayısıyla, belediyeler ihtiyaçlarından fazlasını talep etmeyecek ve sihirli muhasebe formülleriyle bütçe rezervlerini "gizli köşelerde" saklamayacaklar. Bunun yerine, birbirimize nasıl destek olacağımızı düşünecekler ve bu sayede büyük miktarlarda kaynaklar sürekli hazırda bulunacak.

3) Yaşam Maliyetlerini Düşürmek: Bugün, ürün ve hizmetlerin bedelleri şirketlerin kârlarını maksimum seviyeye çıkartmaya dayanmaktadır. Halkın gözünde karşılıklı sorumluluğun önemini yüceltmek bu işletmeleri halka karşı daha düşünceli olmaya zorlayacak ve bu da fiyatların herkes için düşmesine neden olacaktır.

Eğer halkın takdiri, en çok para kazananlardan uzaklaşıp topluma en çok yararlı olanlara doğru yönelirse bu, o işletmeleri daha sosyal yaklaşımlarda bulunmaya yönlendirecektir.

CNN Para'nın yazarlarından Richard McGill Murphy "İyilik Yapmak Bir İşletme İçin Neden İyidir"85 adlı hikâyesinde ilaç devi Pfizer'in ilaç bağışından bahsetti. Bu hikâyede halkın olumlu onayının veya uyarısının bir işletme üzerindeki etkilerini görüyoruz. McGill Murphy'ye göre, "Geçen yıl (2009) işsizlik oranı %10'lara doğru çıktığında ilaç devi Pfizer iyi bir şeyler yapmaya karar verdi. 2009 yılında işlerini kaybeden ve ilaçları reçete kapsamına girmeyen müşterilerine kendi markasını taşıyan 70 adet ilacı bir yıl boyunca ücretsiz sağladı. Geçtiğimiz yıl, uygun olmayan şekilde doktorlara ilaç pazarlamaktan dolayı 2,3 milyon dolar para cezasını da kapsayan yanlış davranışlardan dolayı saygınlığı zarar gören bir firma için bu ücretsiz reçete uygulaması maliyetini karşıladı. "Bu uygulamayı gerçekleştirdik çünkü bunun doğru bir şey olduğunu düşündük" diyen Pfizer CEO'su Jeffrey Kindler, şöyle devam etti: "Bu çalışanlarımız için bir motivasyon

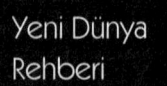

Dr. Michael Laitman

oldu ve müşterilerimizden muhteşem tepkiler aldık. Uzun vadede bu bize geri dönecektir."

Yukarıda bahsedilenler karşılıklı sorumluluğun soyut bir nosyon değil, hepimize büyük bir kazanç sağlayan pratik bir kavram olduğunu göstermektedir. Karşılıklı sorumluluk sosyal ve ekonomik bir değer yaratır ve sosyal, ekonomik ve politik seviyelerdeki sorunlara bir anahtar olur.

Eşitsizlik olduğunda sosyal adalet için talep artar. Egolarımız artık başkalarına karşı değersiz, saygıyı hak etmeyen, alçalmış veya değersiz gibi hissetmemize hiçbir şekilde izin vermeyecek. Böyle bir sıkıntı sadece parayla çözülemez; daha kapsayıcı, insanî bir yaklaşım gerektirir. Eğer herkesin eşit olarak önemli olduğu, herkesin birbirini can kulağıyla dinlediği, birbiriyle ilgilendiği ve herkesin haysiyetli bir yaşam için eşit fırsatlara sahip olduğu bir toplum inşa edemezsek, "Arap Baharı'nın" bize gösterdiği kanlı örneklerde olduğu gibi içimizdeki kötülük patlayacak.

Geleceğimiz risk altında ve çözüm, sosyal değerlerimizi değiştirmede ve ister kişisel olsun ister vatandaş devlet seviyesinde olsun birbirimizle olan ilişkimizi iyileştirmede yatmaktadır. Karşılıklı sorumluluk yaklaşımı bizi gerçek anlamda sosyal adalete yönlendirecek ve dolayısıyla sürdürebilirliğimizin ve refahımızın anahtarı olacaktır. Karşılıklı sorumluluk sadece ekonomik ve finansal anlamda güven sağlamakla kalmayacak, aynı zamanda çok uzun yıllardır hayata karşı eksik olan güvenimizi, zihnimizin huzur ve mutluluğunu bize yeniden kazandıracaktır.

Birinci Kısım'da sunulan prensiplerle ilgili özet ve yeni bakış açıları

2.KISIM

YENİ BİR TOPLUM İNŞA ETMEK - DİKKAT EDİLECEK NOKTALAR

Dr. Michael Laitman

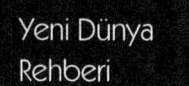

KRİZ VE FIRSAT

Yeni Yasalar

Yolda giderken birdenbire arabanızın titremeye, sarsılmaya başladığını hayal edin. Önce sistemlerden bir tanesi, sonra diğeri çalışamaz hale gelsin. Araba tamamen durmasın, motor ve vites gibi ana sistemler hâlâ çalışıyor olsun, ama ışıklar sürekli olarak yanıp sönsün ve ara sıra araba sarsılarak dursun. Sonra mucizevî bir şekilde bozulan kısımlar tekrar çalışmaya başlasın.

Evet, halen hareket ediyorsunuz ama daha fazla hareket edeceğinize dair olasılığınız iyi değil. Eğer bu sizin başınıza gelseydi, ne yapardınız?

Çok benzer şekilde, dünyamız da gittikçe işlevini yitirmektedir. Her yerde arızalar var ama uzmanların uyarılarına rağmen bizler hâlâ oyun oynar gibi dünyayı çekiştiriyoruz. Uzmanlar bize, bu aşamada yeni bir yapılandırmaya gitmemiz gerektiğini, yoksa insanlığın büyük bedeller ödeyerek tam bir duraklama yaşayacağını söylüyorlar. Eğer ekonomi bozulmaya devam ederse, yemek kuponları yardımıyla yaşayan yaklaşık 50 milyon Amerikalının sayısı daha da artacak ve bugün olduğu gibi sadece en fakir ülkelerde değil, dünyanın her yerinde birçok insan gerçek açlıkla yüz yüze kalacak.

Dünyayı sarsan kriz, realitenin bize dünyayı doğru şekilde idare etmediğimizi bildirme şeklidir. Kontrolümüzden çıkan bir bankalar, endüstri ve uluslararası ilişkiler sistemi inşa ettik. Keynes'in saklı kişisel çıkar ve görünmez el prensiplerinin, bencilliğimizi artık daha fazla kontrol altında tutamayacağını öğreniyoruz. Tıpkı yayılan bir kanser hücresi gibi, hem toplumumuzu hem de gezegenimizi tahrip ediyoruz.

Kaçacak Yerimiz Yok

Küresel ekonomik krizde, her ülke şöyle düşünmeye meyillidir: "Eğer kendimizi diğer ülkelerden ayırabilsek, vatandaşlarımızın tüm ihtiyaçlarını kendimiz sağlayabilsek ve yüzyıl kadar öncesinde olduğumuz gibi tamamen kendimize yeterli olabilsek, ne kadar iyi olurdu. Neden tekerleği tekrar geri döndürmüyoruz, neden diğer ülkelere olan ithalâtı engellemek için yüksek tarife uygulamıyoruz, sadece ihtiyacımız olduğunda diğer ülkelerle ticaret yapmıyoruz ve yabancı şirketlerle tüm iş ortaklığımızı dondurmuyoruz? Evet, yaşam standardı düşebilir, fakat başkalarına daha az bağımlı hale geliriz."

Küreselleşmeden hiçbir geri dönüş yolunun olmadığını anlayamıyoruz. Kendimizi dünyanın diğer kısımlarından daha fazla soyutlayamayız. Küreselleşme ve birbirine bağlı olma durumu, kalıcıdır. İlişkimizi kesmek, organizmanın diğer kısımlarını etkileyen bir hastalıktan kurtulmak için yaşayan bir organizmadan bir organı kesmek gibi olur. Eğer parmağınızı keserseniz, parçası olduğu beden olmadan yaşayabilir mi?

Geri Tepen Durum

İlk bakışta, karşılıklı sorumluluk kavramı, ütopik ve bizim benmerkezci dünyamızda işlemesi için çok fazla naif görünebilir. Fakat aslında, hayat bu kavramı benimsememiz için şu an bizi zorlamaktadır!

Dr. Michael Laitman

Yeni Dünya Rehberi

Tarih boyunca içgüdülerimizle hareket ederek geliştik. Sürekli olarak bir şeyler yapma, bir şeyleri değiştirme ihtiyacını hissettik. Savaşlar başlattık, devrimler için savaştık ve isyanlar çıkardık. Mücadeleler ve çatışmalarla geliştik ve büyüdük ancak ödediğimiz bedel yıkım oldu.

Bugün, birbirimize bağlı olduğumuzdan, savaşlar ve mücadeleler sorunlarımızı çözmeyecek. Kaba kuvvet dünyayı düzeltemez. Birbirine bağlı olan bir dünya, zorlayıcı ve baskıcı hükümetler tarafından propagandası yapılan egoist kafa yapısıyla idare edilemez. Kural çok basit: Eğer birbirimize bağlıysak, kişi bir diğerine ne yaparsa, yaptığı şey kendisine keskin ve güçlü bir şekilde, bir bumerang gibi geri döner. Eğer birbirine bağlı olan tüm sistemlerin bu şekilde işlediğini tam olarak kavrarsak, başarıya ulaşırız.

Katlanarak Büyümenin Hızlanması

Sanki zaman bizi sıkıştırıyor. 20.yüzyılda insanlık, daha önce tarihte olmadığı kadar çok şey tecrübe etti. 21.yüzyıl henüz yeni başladı ve şimdiden pek çok olay oldu.

Katlanarak büyüyen bir zamanda yaşıyoruz ve hayatın hızı da buna göre gittikçe artıyor. Daha hareketli ve daha az hareketli zamanlar olacaktır, fakat bu eğilim aşikâr. Değişimin hızı her yerde belli - sıklıkla işlerimizi değiştiriyoruz (bir işe sahip olduğumuzu varsayarak), sıklıkla eşlerimizi değiştiriyoruz (bir eşe sahip olduğumuzu varsayarak) ve sıklıkla evlerimizi değiştiriyoruz (yine, bir eve sahip olduğumuzu varsayarak).

Ancak değişim hızının en belirgin olduğu alan, teknolojidir. Cep telefonlarınıza bir bakın ve daha 40 yıl önce kullandıklarımızla kıyaslayın. Bugünün ortalama bir cep telefonunun, uzay gemisini aya indiren Apollo

11 bilgisayarından binlerce kez daha güçlü olduğunu düşünürseniz, ne kadar çabuk ve radikal bir şekilde değiştiğimizi görmek mümkündür.

Ortak Çözüm

İnsanlığın yüz yüze kaldığı birçok kriz, bunları çözmek için kapsamlı bir yaklaşıma ihtiyacımız olduğunu göstermektedir. Birbirine bağlı bir dünyada, yerel problem diye bir şey söz konusu değildir. Tüm insanlığın hayrına olacak çözümlere duyulan ihtiyaç, tüm ülkelerin temsilcileri arasında, hepsinin eşit olarak katıldığı, istikrarlı müzakereler gerektirecektir. Her bir taraf acil olduğunu düşündüğü sorunları ortaya koyacak ve sonra her bir sorun önem sırasına göre değerlendirilecek. Sadece küresel ağdaki bağımızın ruhuyla müzakereler yaparak bu sorunları çözmek için doğru yolu bulacağız.

Müzakerelere alternatif ise çok daha sevimsizdir: Savaş.

Neden Birleşmeli?

Birçok uzman anlamıştır ki hiçbir ülkenin küresel krizi kendi başına çözmesi mümkün değildir. Ancak, Doğa'nın gelişim düzeni, 2. Bölümde de açıklandığı gibi, başka bir noktayı ortaya çıkarır: İşbirliği ve dayanışma, sadece hiçbir ülke tek başına krizi çözemediği için değil, tüm evrimin gidişatı bu olduğu için ele alınmalıdır. Bu küresel kriz, bunu keşfetmemiz ve tıpkı tüm Doğa'nın doğal olarak yaptığı gibi tek bir organizma olarak birleşmemiz için bir fırsattır.

Doğal Gelişim
Doğa Dengesizliğe İzin Vermez

Doğa dengesiz olmaya izin vermez. Isı, derecenin dengelenmesi için daha sıcaktan daha soğuğa doğru hareket eder; hava basıncı rüzgârla dengelenir; su yüksek seviyedeki yoğunluğu dengelemek için aşağıya doğru akar. Her yerde, her olayda, Doğa dengeyi sağlamak için çabalar.

Bir diğer örnek ise, beden ısımızı kontrol eden mekanizmadır: Isı alıcıları bedenin her tarafına dağılmıştır ve beyindeki bilgi toplama merkezine (hipotalamus) ortamdaki herhangi bir değişikliği bildirir. Bunun üzerine beyin, terleyerek, kasılarak veya titreyerek, beden ısısını koruyan ter bezleri ve kasları gibi etkileyicilere komutlar gönderir. Bu şekilde, beden oluşturduğu ısıyı, kaybettiği ısıyla dengeler ve beden ısısını sürekli olarak 37 derecede tutar.

Doğa'nın her şeyi dengeye getirme mecburiyeti, insanlığı etkilemeye başlamıştır. Tüm dünyada gördüğümüz huzursuzluklar ve protestolar, insanlık düzeyinde dengeye gelme ihtiyacımızın ifadeleridir. Hepimiz birey olarak farklı olduğumuz halde, dengeye gelme ölçütü hepimiz için aynıdır: Birbirimizi desteklemeliyiz, bunun başka yolu yoktur. İstesek de istemesek de, Doğa'nın yolu kazanacak ve biz buna boyun eğmek zorunda kalacağız. Tek soru, bunun ne pahasına olacağıdır.

Birliğin Faydaları

Bugün, yaptığımız her şey, bizim açımızdan enerji ve çaba gerektirir. Eğer dengede isek, bir şeyi elde etmek için çok çaba harcamamıza gerek yoktur. Bunun yerine, rahatlık

halindeyizdir, nereye gidersek gidelim, ihtiyacımız olan şey ne ise, herkes bize yardım etmeye hazırdır. Biz de buna karşılık vermeye hazırızdır. Her şey kolaylıkla akar, daha az enerji harcarız ve çok az engelle karşılaşırız.

Hayatın her alanında dengede olmak, direnci kaldırır. Bu, hem kişiler arası ilişkiler için hem de Doğa'dan elde ettiğimiz her şey için geçerlidir. Aramızdaki birlik sayesinde, tüm Doğa'yı kapsamlı bir dengeye getireceğiz ve hiçbir şeyin eksikliğini duymayacağız. Her yerde bereket olacak.

Küresel Açlık Bir Zorunluluk Değildir

Gezegenimiz, eğer Doğa'ya müdahale etmezsek ve tek bir organizmadaki organlar gibi birleşirsek, yeryüzündeki mevcut nüfustan çok daha fazlasını doyurabilir.

Oyuncaklardan Daha Büyük

Evrimdeki bir sonraki adım, yeni türlerin ortaya çıkması değildir (elbette bunun olması da mümkündür). Evrimin en belirgin yeni aşaması, aslında insan bilincindeki dönüşümdür. Bu süreçte farkındalığımızı ve anlayışımızı aşamalı olarak geliştirmek zorundayız; realitenin analiz-sentez mekanizmasını inşa etmeliyiz. Gezegenimizin nasıl işlediğini, kim olduğumuzu ve hayata yaklaşımımızın ne olması gerektiğini anlamalıyız. Çok özel zamanlarda yaşıyoruz. Eğer gözlerimizi açmayı, kalplerimizi yumuşatmayı ve farkındalığımızı genişletmeyi başarırsak bu aşamadan çabukça, başarıyla ve kolaylıkla geçebileceğiz.

Sosyal Dayanışma
Neden Benim Yerime Onlar?

Zenginliğin daha eşit dağılımı talebinin yanı sıra, insanlar her eşitsizlikte ve eşit imkânların eksikliğinde, kendilerini kötü hissederler. Ancak, gerçek şudur ki biz karşılıklı sorumluluğu destekleyen bir sosyal farkındalık geliştirene kadar, hiçbir adil paylaşım faydalı olmayacaktır. Nüfusun bir kesimini diğer bir kesimden daha çok kollamak, diğer kesimler arasında sadece kızgınlığı ve öfkeyi tetikleyecektir. Karşılıklı sorumluluk bilinci olmadığı takdirde, alıcı tarafta olmayan insanlar, daima hınç duyacaklar ve kendilerine şunu soracaklar: "Neden ben değil de onlar?"

Karşılıklı Sorumluluk Nedir?

Karşılıklı sorumluluk, herkesi en yakın ailemizmiş gibi kabul etmeyi gerektiren iki taraflı bir bağdır. Bunun mümkün olabileceğine inanmak bize zor gelebilir, ancak insan toplumunun gelişimi, bütün dünyayı ailemizi hissetmeye benzer şekilde içimizde hissedeceğimiz bir aşamaya doğru bizi yönlendirecektir. Akrabalarımız arasında kimin yardıma ihtiyacı olduğunu, ne tür bir yardıma ihtiyaç duyduklarını ve ihtiyaç duyulan şeyin yaşlı ebeveyn, küçük çocuklar, beklenmeyen harcamalar ve ödemeler, hastalık, vs. ile ilgili olup olmadığını hissedeceğiz. Doğal olarak, ailemizin ihtiyaçlarına acil olma durumuna göre öncelik vereceğiz. Hasta olan büyükbabamızı ihmal eder miyiz? Eğer normal bir aile isek, elbette hayır. Bağlılık ve karşılıklı sorumluluk hissi, bizi buna mecbur eder. Diğer insanlarla olan ilişkilerimize bu şekilde yaklaşmalıyız.

Eşitlik Nedir?

Eşitlik, her birimizin kolektif bir sistem içinde kendini yapıcı şekilde ifade etmesi için, eşit fırsatlara ve bireysel olanaklara sahip olduğu bir durumdur – almak ve vermek, diğerleriyle dengede olmak.

Örneğin, kalp akciğerlere eşdeğerdir; akciğerler karaciğere eşdeğerdir; karaciğer böbreklere ve böbrekler bacaklara eş değerdir; bacaklar da ellere...

Ne bakımdan birbirlerine eşittirler? Hepsi bedenin yararı için karşılıklı olarak hareket ederler. Ancak, bedenin her bir parçası, tüm bedenin iyiliği için gereken farklı görevleri yerine getirir. Bizi (organizmayı) canlı ve sağlıklı tutan şey budur.

Benzer şekilde, eğer bir insan insanlığın bir parçasına ait ise, bu onu diğer bir parçadaki insandan daha az değerli yapmaz. Bunu şöyle açıklayabiliriz: Ben insanlığın "kalbine" ait olabilirim ve bir başkası insanlığın "beynine" veya "karaciğerine" ait olabilir. Bunlar, içine doğduğumuz koşullardır ve bizim için önceden tayin edilmişlerdir. Fakat insanlığın esenliğini ve sağlığını sağlamak için, hepimiz konumlandırıldığımız noktada, birbirine eşit olarak beraberce çalışmalıyız ve kendimizi başkalarından üstün veya aşağıda görmemeliyiz, çünkü belli bir yere konumlandırıldık, başka bir yere değil.

Hepimiz farklı ailelerde doğduk, farklı genlere sahibiz ve farklı şekilde yetiştirildik. Dünyaya bakış açımız çok farklı olabilir ve kendimizi başkalarından farklı hissedebiliriz. Fakat, eğer her birimiz diğerleriyle ahenk içinde olduğumuzu hissederse, eşitliğe gelebiliriz.

Nakliyeci, Bilgisayar Uzmanı ve Eşitlik

Dr. Michael Laitman

Yeni Dünya Rehberi

İki insan düşünelim: Biri günde 12 saat çalışan, 1.80 m boyunda, güçlü bir nakliyeci ve diğeri de 1.50 m boyunda, çelimsiz bir bilgisayar uzmanı olsun. Nakliyeci, bahşişlerle beraber saatte 15 dolar kazanırken, bugün eşyalarını taşıdığı bilgisayar uzmanı, ikramiyelerle beraber saatte 150 dolar kazansın. Bu âdil midir?

Birine güç, diğerine akıl verilmiş. İkisi de Doğa'nın ona bahşettiği şeyi eşit bir çabayla kullanıyor, öyleyse neden birisi diğerinden daha fazla kazansın? İkisi de yetenekleriyle ve en iyi yaptıkları şeyle topluma katkı sağlıyorlar, öyleyse katkıları açısından eşittirler. Neden bu onların ücretlerine de yansımıyor?

Şimdi bu tanımlamayı biraz değiştirelim. Peki, ya nakliyeci ve bilgisayar uzmanı kardeş olsalardı? Bilgisayar uzmanı, kardeşinin malî zorluklarına hâlâ ilgisiz kalacak mıydı? Daha da ötesi, ya bilgisayar uzmanı nakliyecinin babası olsaydı ne olacaktı? Sadece oğlu kendi gibi akıllı olmadığı, akıl yerine güçlü bir fiziğe sahip olduğu için, oğlunun aç veya parasız kalmasına izin verecek miydi?

Bugün, toplumumuzu sağlam kılacak tek zihniyet, eşit çaba harcadığımız zaman hepimizin eşit olduğudur. Bu zihniyete giden yol, aslında hepimizin bir aile olduğu gerçeğini anlayana kadar, kendimizi sürekli olarak tekrar eğitmektir. Önceliker listemizin başına karşılıklı sorumluluğu yerleştirdiğimiz zaman, birdenbire dünyanın gerçekten kolay yaşanabilir ve mutluluk dolu bir yer haline geldiğini keşfedeceğiz.

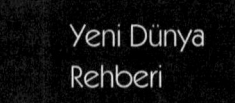

Dr. Michael Laitman

Yeni Bir Sosyal Merdiven

Bizim gibi benmerkezci doğaya sahip insanların, toplumun çıkarını kendi çıkarı üzerine koymasını sağlayan nedir? Sadece çevrenin etkisi! Dolayısıyla, sosyal değerlerimizi değiştirmeliyiz ki böylece insanlar banka hesaplarının büyüklüğüyle değil, topluma olan katkılarıyla takdir edilsinler. Hayat bu gezegende ne zaman iyi olacak? Bu, hepimiz kendimizden önce diğer herkesi düşündüğümüz zaman gerçekleşecek.

EKLER

ARI Enstitüsü'nün Daha Önceki Yayınları

Biz, Biz, Biz

"Küresel krizin" ortasında olduğumuz çok açıktır. "Küreselleşme" teriminin, küresel finans pazarları arasındaki ilişkiden çok daha fazlasını ifade ettiğine dair bol kanıt olduğu için, bu terimin daha doğru bir anlamı, toplumun birbirine bağlı olan doğasını bir bütün olarak ele almalıdır. Bizler sadece finansal anlamda değil, aynı zamanda sosyal ve duygusal anlamda da "küreseliz". Duygularımız diğer insanların duygularını o kadar yoğun etkiler ki bu bir ülkenin ardı sıra başka bir ülkede sosyal bir yangın başlatabilir, Dünya Çapında Ağ (www) kanalıyla bir sıcak noktadan diğerine geçebilir.

"Arap Baharı" Arap dünyasının çok ötesine geçmiştir. Her ülkede protestoların sebepleri ve belirtileri, farklı bir "kıyafet" giyinir. Mısır'da kitle gösterileri hükümeti devirmiştir. Artık insanlar zorbalığa daha fazla tahammül gösterememektedir.

İsrail'de, gösteriler barışçıl ama beklenmedik bir boyutta oldu. 6 Ağustos 2011'de meydana gelen gösteriye, 300.000 insan katıldı, yaklaşık olarak her 22 İsrailliden biri. Eğer her 22 Amerikalıdan biri gösteriye katılsaydı, yaklaşık olarak 14 milyon kişiyi alacak bir alan gerekecekti.

İspanya'da, protestocuların çadır kampları, bir çözüm olmadan ve görünürdeki kampçılar dağılmadan aylarca kaldı. İngiltere'de patlak veren sert ayaklanmalar, İtalya'da tatildeyken hazırlıksız yakalanan Başbakan David Cameron'u oldukça şaşırttı. Şili bile, şiddetli öğrenci gösterileriyle bu protesto haritasının içinde şimdi. CNN'in bir raporuna göre, Ağustos 2011'de, "60.000'den fazla öğrenci Santiago'da protestolara katıldı."

Yemen, Libya ve diğer birçok ülke, ya huzursuzluğun patlak verdiği ülkeler listesinde ya da bu listeye katılmak üzere.

Her ülkedeki krizleri analiz ettiğimizde, hepsinin kökünde sosyal, ekonomik ve politik adaletsizliğin söz konusu olduğunu kolaylıkla görebiliriz. Ancak, bu yanlışlar yeni bir şey değil. Binlerce yıldır insanlığı rahatsız etti. Peki, neden özellikle şimdi herkes protestolara katılıyor ve neden herkes eş zamanlı hareket ediyor?

Cevaplar, insan doğasının yapısında ve gelişiminde bulunur. Narsizm Salgını: Yetki Çağında Yaşamak (2009) adlı kitapta Jean M.Twenge ve W.Keith Campbell'in gayet güzel gösterdikleri gibi, insanlar bugün sadece narsist ve benmerkezci değiller, endişe verici bir hızla, gittikçe daha da böyle oluyorlar.

Bizler, narsistler olarak kendimizi her şeyin merkezine yerleştiriyoruz ve diğer herkesi bize sağlayabilecekleri faydaya göre "derecelendiriyoruz." Dünyaya kendimizi haklı gördüğümüz bir pencereden bakıyoruz. Ancak, dünya birbirine bağlı ve bağımlı olduğu için, eğer küreselleşme çağında başarılı olmak istiyorsak, özellikle bu şekilde hareket etmemeliyiz. Başarılı olmak için, kendimiz için istediğimiz kadar, bağlı olduğumuz diğer insanların da iyiliğini istemeliyiz. Eğer birbirimize bağlı ve bağımlıysak, o zaman onlar mutlu olduğunda biz de mutlu oluruz. Ve eğer onlar mutsuz ise biz de mutsuz oluruz, tıpkı Nicholas A. Christakis ve James H. Fowler'in "Birbirine Bağlı: Sosyal Ağlarımızın Şaşırtıcı Gücü ve Hayatımızı Nasıl Şekillendirdikleri - Arkadaşının Arkadaşının Arkadaşı,

Dr. Michael Laitman

Yeni Dünya Rehberi

Hissettiğin, Düşündüğün ve Yaptığın Her Şeyi Nasıl Etkiliyor?" adlı kitaplarında açıkladıkları gibi.

Dolayısıyla, çözüm, sonunda kendimize de fayda sağlaması için toplumu öne, egolarımızı arkaya koyarak, bakış açımızı kişisel haktan sosyal hakka doğru değiştirmekte yatıyor.

Uygulamada, bu çözüm üç amacı gerekli kılar:

1. Toplumun her üyesine, yaşam için gerekli ihtiyaçlarının karşılanmasını garanti etmek.

2. Bu ihtiyaçların karşılanmasının devamlılığını, sosyal ağlara odaklanarak, medya ve interneti kullanarak, toplum yanlısı sosyal değerleri topluma aşılayarak garanti etmek.

3. Her birimizde bulunan potansiyeli tamamen fark edebilmemiz için, toplum yanlısı çalışmalarımızı kişisel gelişim için kullanmak.

1. Amacı gerçekleştirmek için, her ulusu temsil eden siyasîlerden, ekonomistlerden ve sosyologlardan oluşan uluslararası bir panel yapılmalı, panelde adil ve sürdürülebilir bir ekonomi oluşturma planı tasarlanmalı. "Adil" terimi, fonların ya da kaynakların (doğal veya insan) eşit dağılımına işaret etmez. Daha ziyade, adil bir ekonomide, yeryüzündeki hiçbir insan bakımsız bırakılmaz. Dolayısıyla, Kenya'daki aç bir çocuk cep telefonlarının en son modeline ihtiyaç duymayabilir, fakat şüphesiz başını sokacak bir eve, düzgün beslenmeye, düzgün bir eğitime ve sağlık bakımına hakkı vardır.

Buna karşılık, Norveç'te aynı yaştaki bir çocuk, zaten en son model cep telefonuna sahiptir ancak yine de kendi hayatına son verecek kadar kendini mutsuz hisseder ya da daha kötüsü, bu ülkedeki son olayların gösterdiği gibi,

başkalarının hayatına kast edebilir.[87] Bu iki vakadaki ıstırap çok farklıdır ama aynı derecede önemlidir ve her ikisi de panelde ele alınmalıdır; 2008 Nobel ödülü sahibi ve New York Times köşe yazarı Paul Krugman'ın söylediğini akılda tutarak, "Hepimiz aynı geminin içindeyiz."

2. Amacı gerçekleştirmek, bakış açımızda bir değişikliğe gitmeyi gerektirir. Halkın gündemini medya belirlediği için, benmerkezciliği iptal etme yönünde öncülük yapması gereken medyadır. Son dönemlerde medyanın beslediği, hâlihazırdaki "ben, ben, ben" tavrı yerine, medyanın yeni söylemleri, "biz, biz, biz", "karşılıklı sorumluluk" ve "birimiz hepimiz, hepimiz birimiz için" olmalıdır. Eğer medya karşılıklı sorumluluğun getirilerini ve narsist yaklaşımın zararlarını anlatırsa, bizler de doğal olarak, kendimizi izole etmek ve şüpheci olmak yerine, paylaşmaya ve diğerlerini düşünmeye çekim hissederiz. Eğer reklamlar, bilgilendirici yayınlar ve eğlence-haber programları, insanlara yardım etme tavrına saygı göstermeye başlarsa, biz de tıpkı bugün medya zengin ve güçlü olanları yücelttiği için zengin ve güçlü olmak istediğimiz gibi, o zaman başkalarına yardım etmeyi istemeye başlarız.

Böyle bir bakış açısı, toplumun tüm insanlara karşı adil ve merhametli olmasını garanti edecek ve aynı zamanda herkesin bu topluma isteyerek katkıda bulunmasını sağlayacaktır. Buna ilave olarak, bugünün birçok düzenleyici ve yasaklayıcı birimleri, örneğin polis, ordu ve finans düzenleyicileri, ya hükümsüz kalacaklar ya da şu an ihtiyaç duydukları insan ve finans kaynaklarının küçük bir bölümüne ihtiyaç duyacaklar. Dolayısıyla, bu kaynaklar, gittikçe azalan bir başarıyla yalnızca kendilerini güvenli tutmak yerine, günlük hayatımızı geliştirmek üzere yönlendirilecektir.

Böylesi teşvik edici ve toplum yanlısı bir atmosferde, 3. Amaç, "toplum yanlısı çalışmalarımızı kişisel gelişim için kullanmak", doğal bir sonuç olacaktır. Toplum, her birimizin kendi potansiyelini maksimum seviyede gerçekleştirmesini sağlamak için çaba gösterecek, bizi destekleyecektir, çünkü bu potansiyel kamu yararına kullanıldığı zaman, toplum bundan faydalanacaktır. Dahası, kendimizi saldırgan bir çevreden koruma ihtiyacından kurtulduğumuzda, yeni enerjilerin zenginliği kendimizi gerçekleştirmemize yardım edecektir. Bu, depresyonun ve ona bağlı tüm hastalıkların yok olmasıyla ve yaşamdan zevk alışın çarpıcı şekilde artmasıyla sonuçlanacaktır.

Toplum odaklı bakış açısıyla birkaç ay yaşadıktan sonra, kişisel çıkarın iyi bir fikir olduğunu nasıl düşündüğümüze şaşıracağız. Böyle bir toplumun bariz başarısı ve mutluluğu, bunu teşvik etmemiz ve güçlendirmemiz için daha da büyüyen bir motivasyon sağlayacaktır, böylece toplumun yararına ve aynı zamanda, tek bir kişiyi ihmal etmeksizin toplumun her bireyinin yararına olan, daimi bir hareket yaratılacaktır.

Küreselleşen realitemizde, sadece dünyadaki tüm insanların iyiliğini ve mutluluğunu eşit derecede dikkate alan bir yönetim şekli, sürdürülebilir ve başarılı olduğunu gösterebilir.

Sosyal Adalete Doğru

Dünya genelinde, ülkeler ve insanlar bilinçlenmekte, kendi hükümetlerinin onları dinlemesini, acılarını anlamasını ve sorunlarını çözmesini talep etmektedir. Tüm bu hengâme sadece yiyecek ve ev fiyatları için değildir. Temelinde sosyal adalet için ciddi bir talep vardır.

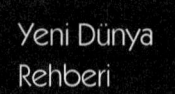 Dr. Michael Laitman

Ancak, sosyal adalet, elde edilmesi zor bir hedeftir. Toplumun enflasyon, işsizlik ve eğitim eksikliğinden etkilenmiş birçok kesiminde, bir kişinin haklılığı, pekâlâ bir başka kişi için haksızlığa sebep olabilir. Toplumun mevcut yapısında, hangi çözüme ulaşılırsa ulaşılsın, çözüm mevcut adaletsizliği arttırmasa dahi onu devam ettirecek, daha fazla şiddete ya da savaşa yol açabilecek geniş çaplı bir hayal kırıklığına neden olacaktır.

Dolayısıyla, sosyal adalet isteğinin çözümü, hiç kimse dışarıda bırakılmadan, toplumun tüm kesimlerini içermelidir. 2011 yılındaki "Uluslar Baharı", dünyanın temelden değiştiğini ispatlamaktadır. İnsanlık tek, küresel bir varlık haline gelmiştir. Bu şekliyle, her bir parçanın - hem ülkelerin hem de bireylerin – başlı başına değerli olduğunu kabul etmemizi gerektirir. Uluslar artık işgale, insanlar da artık baskıya tahammül etmiyorlar.

Eğer insanlığı, farklı fonksiyonlara sahip organlardan meydana gelen bir insan bedeniyle kıyaslarsak, hiçbir organın gereksiz olmadığını görürüz. Her organ hem bedene sağlaması gereken katkıyı yapar hem de ondan ihtiyacı olanı alır.

Benzer şekilde, dünya çapındaki huzursuzluğun çözümüne ilişkin yaklaşım, mutlaka toplumun tüm kesimlerini içermelidir. Hükümet görevlileriyle protestocular arasındaki tüm müzakerelerin anahtar sözü "saygılı tartışma" olmalıdır. Anlaşmalar, 'tüm tarafların taleplerinde iyi olan şeyler vardır ve bu talepler saygıyla karşılanmalı,' temeline dayanmalıdır. Ancak, taraflardan çoğunun mantıklı ve geçerli talepleri olduğu için, tüm taraflar diğer tarafların taleplerini de dikkate almalıdır.

Bu tarz müzakerelerde, ne "iyi adam" ne de "kötü adam" bulunur. Akılcı, samimî ihtiyaçlara sahip olan, sorunlarını birbirleriyle paylaşan ve herkes için kabul edilebilir, değerli çözümlere ulaşmaya çabalayan insanlar vardır.

Geniş ve sevgi dolu bir aile düşünün. Ailedeki herkesin kendi gereksinimi vardır: Büyükbabanın ilaca, babanın yeni başlayacağı iş için yeni bir takım elbiseye, annenin yoga derslerine ihtiyacı vardır ve erkek kardeş de yüksek ücretli bir üniversiteye kabul edilmiştir. Dolayısıyla, aile bir toplantı yapar, hindisiz bir şükran günü gibi. Aile bireyleri elde ettikleri gelirden bahsederler, öncelikler üzerine tartışırlar, ihtiyaçlarını paylaşırlar, biraz atışırlar ve bolca gülerler. Sonunda, neyin gerekli, neyin gereksiz olduğunu, kimin ihtiyacı olan şeyi şimdi alacağını ve kimin daha sonra alacağını bilirler. Fakat sevgiyle birbirine bağlanmış bir aile oldukları için, beklemesi gerekenler beklemeye razı olurlar çünkü her şeyden evvel onlar bir ailedir.

Birçok açıdan, küreselleşme ve birbirine bağımlı olma durumu, insanlığı dev bir aileye dönüştürmüştür. Şimdi sadece bu şekilde nasıl yaşayacağımızı öğrenmek zorundayız. Eğer düşünecek olursak, sevgi dolu bir aile olarak hareket etmek kaydıyla büyük bir aile olmak, yalnız olmaktan her zaman daha güvenlidir.

Ayrıca, şunu aklımızda tutmalıyız ki hemen hemen her ülkede hükümetler, artan açıklarla ve borçlarla mücadele etmektedir. Elden ele geçecek kadar yeterli kaynak yoktur ama eğer hepimiz birbirimizin gereksinimlerini kabullenirsek, kesinlikle hepimizin saygıdeğer şekilde yaşamasını sağlamaya yetecek kadar kaynak vardır. Dolayısıyla, "büyük aile yöntemi", sonunda sosyal adaletin sağlanması için en iyi kavramdır. Tıpkı bir ailede olduğu gibi, amaç sistemi bozmak değil, fakat çeşitli baskı gruplarının

Yeni Dünya Rehberi — Dr. Michael Laitman

isteklerinden ziyade, tüm insanların gereksinimlerine cevap verecek şekilde düzeltmektir.

Kral Arthur ve şövalyeleri yuvarlak masada toplanırlardı. İsminden de anlaşılacağı gibi, orada oturan herkesin eşit statüde olduğu bu masanın bir başı yoktu. Benzer şekilde, hükümetlerin ve vatandaşların, yuvarlak bir masa etrafında birlikte oturmadan (fiziksel olarak değilse de mecazi anlamda), sosyal sorunları çözmenin başka hiçbir yolu olmadığını anlamaları gerekir.

Şunu hatırlamalıyız ki hepimiz birbirimizden müşterek olarak sorumluyuz ve bir aile gibi birbirimize bağlıyız. Her köşede karşımıza çıkıyormuş gibi görünen sorunlar, gerçek sorunumuzun sebepleri değil, belirtileridir. Gerçek sorunumuz, birbirimize karşı ortak sorumluluk ve dayanışma eksikliğidir. Dolayısıyla, "yuvarlak masa ruhu" ile toplanarak bunları çözmek, son derece önemlidir.

Adım adım bu sorunları çözerek, karşılıklı sorumlukla yönetilen bir toplumu aşamalı olarak inşa edeceğiz. Aslında, karşılıklı sorumluluk bilincinin eksikliği, bu sorunlarla karşılaşmamızın gerçek nedenidir. Bir kez karşılıklı sorumluluğu edinirsek, sorunlar rüzgâr gibi uçup gidecektir.

Karşılıklı Sorumluluğa Doğru

Neden herkesin birbirine bağımlı olduğu bir dünyada, zorluklar karşısında paylaşılan sorumluluk, onları çözmenin anahtarıdır?

Eşitsizliği, sömürüyü ve hayatı devam ettirmek için gerekli temel koşulların eksikliğini ortadan kaldırmak için Birleşmiş Milletler tarafından yapılan planlara ve yıllardır süren onca inanılmaz çabaya rağmen, bu sorunlar

hâlâ birçok ülkede en önemli zorlukları yaratırlar. Sadece Avustralya'da her yıl 5,2 milyar dolar değerinde yiyecek boşa gitmekteyken, dünya genelinde yaklaşık 1,4 milyar insan günde 2 dolardan daha az bir gelirle yaşamaktadır.

"Amerikan Çölü: Amerika Yiyeceğinin Yaklaşık Yarısını Nasıl Ziyan Ediyor" kitabının yazarı Jonathan Bloom, şöyle yazıyor: "Tüketim için üretilen yiyeceğin yüzde 40'tan fazlası Amerikalılar tarafından ziyan ediliyor. Ziyan edilen yiyeceğin bedeli yıllık 100 milyar dolardan daha fazla." Daha da kötüsü, yiyeceğe sahip olanlarla olmayanlar arasındaki uçurum, genişlemeye devam ediyor.

Yıllardır, gelişen ülkelerin, yiyecek, sağlık ve gelişim konusunda daha zengin ülkelerden yardım arama çabaları oldukça yetersiz sonuçlarla karşılanmıştır. Bugüne kadar başka bir çözüm yoktu. Ne de olsa oyunun adı, "Kazanan Her Şeyi Alır" idi.

Söz konusu uçurum sadece ülkeler arasında değil, aynı zamanda ülkelerin içindedir. Yoksunluk hissi, hem ulusal hem de uluslararası gerginliğe sebep oluyor ve açıkçası, küresel kriz göz önüne alındığında, bu durum şiddetle artabilir.

Ama şimdi oyun değişti. Yakın zamanda ortaya çıkan Uluslar Baharı, hepimizin dikkate alması gereken bir dersi bize öğretiyor: Dünya birbirine bağlı ve ne ekersek onu biçeriz. Küreselleşme hepimizi birbirimize bağımlı hale getirdi ve hiçbir ulus sadece güçlü olduğu için diğer ulusları sömüremez, yoksa bunun bedelini öder. Gördüğümüz gibi, dün dokunulmaz gibi görünen ülkeler, bugün parçalanmaktadır. Sadece birkaç yıl önce ikinci derecede gördükleri ülkelerin insafı sayesinde ayakta kalabiliyorlar.

Bugünün küreselleşen realitesinde, ya hepimiz kazanıyoruz ya da hepimiz kaybediyoruz, çünkü hepimiz birbirimize bağlıyız. Dünyada yeterli sayıda insan küreselleşme ve ortak sorumluluk olgusuna gözlerini açtığı zaman, büyük bir değişim başlayacaktır. Ülkeler ve insanlar, artık daha fazla birbirine zarar vermeyecekler; devasa şirketler dünya genelinde düşük ücretle çalışan milyonlarca insanı artık daha fazla sömürmeyecekler; sıradan antibiyotiklerle tedavi edilebilecek hastalıklar ve açlık yüzünden daha fazla çocuğun ölmesine artık izin verilmeyecek ve kadınlar sadece kadın oldukları için artık daha fazla taciz edilmeyecekler. Aslında, kendi iyiliğinin başkalarının iyiliğine bağlı olduğunu idrak eden insanların yaşadığı bir dünyada, herkes başkalarını düşünecek ve karşılığında başkaları da onları düşünecek.

Bu değişim başladığında, "birinci dünya" ve "üçüncü dünya" gibi terimler ortadan kalkacak. Sadece bir dünya ve o bir dünya üzerinde yaşayan insanlar olacak.

Değişimi Uygulamak

Yukarıda söylenenleri gerçekleştirmek için iki şey büyük öneme sahiptir: 1) ilk yardım, 2) eğitim.

"İlk yardım" ile küresel bir realitede, neden yiyecek yetersizliğinin ve temiz içme suyu eksikliğinin bağışlanamaz olduğunu ve bunun geç kalmadan düzeltilmesi gerektiğini açıklayan, dünya çapında bir kampanya başlatmaktan bahsediyoruz. Bu tür yatırımların maliyetinin birkaç sene içinde kendini geri ödediğini göstermek kolaydır. Hindistan, Vietnam ve Endonezya gibi ülkeler, hâlâ mevcut olan sorunlarına rağmen, harika örnekler işlev görürler.

Eğitim demek, insanları, hepimizin parçası olduğu küreselleşmenin yeni dönemi, karşılıklı güven ve ortak sorumluluk hakkında bilgilendirmek demektir. Yakın zamanda gerçekleşen finansal krizler ve dünya genelindeki seri ayaklanmalar, hayatın her seviyesinde - ekonomik, sosyal ve hatta duygusal (Thomas Friedman'ın "Öfkenin Küreselleşmesi"[88] referansına bakınız) - birbirimizi etkilediğimize dair yeterli kanıttır.

Eğitim sürecinin Birinci Aşaması'nda, insanlar, bir milyardan fazla insan açlıkla savaşırken, diğer bir milyar insanın satın aldığı yiyeceğin neredeyse yarısını atıyor ve obezite ile mücadele ediyor oluşunun, akla hayale sığmayacak bir durum olduğunu fark edecekler. Bir kez yaşamın temel gereksinimleri tüm dünya için sağlandığında, İkinci Aşama başlayacaktır.

İkinci Aşama, birbirine bağlı olan, mevcut realiteye uygun şekilde, insanlar ve ülkeler arasındaki birliği ve dayanışmayı artırmaya odaklanacaktır.

Doğa'da, birlik, karşılıklı olma durumu ve ortak sorumluluk, yaşamın ön koşullarıdır. Hiçbir organizma, hücreleri ahenk içinde hareket etmediği takdirde hayatta kalamaz. Benzer şekilde, eğer elemanlarından biri çıkarılırsa, hiçbir ekosistem büyüyemez. Yakın zamana kadar insanoğlu, karşılıklı olarak bağlı olma yasasını izlemeyen tek canlı türüydü. Doğa'nın yasasının, "En güçlü olanın hayatta kalması" olduğuna inandık. Fakat şimdi şunu idrak etmeye başlıyoruz ki biz de birbirine bağlı olma durumuna tabiyiz ve eğer hayatta kalacaksak, bu kurala göre hareket etmeliyiz.

 Dr. Michael Laitman

Kampanya

Karşılıklı sorumluluğun ve birbirine bağlı oluşun mesajını vermek için, şunu öneriyoruz: Birleşmiş Milletlerin, "İşbirliği Yılı" olarak adlandırdığı gelecek yılı, toplumu ve ekonomiyi sürdürülebilir kılmak üzere, küresel zihniyetin acil olarak karşılıklı sorumluluğa doğru değişmesinin başlangıç noktası olarak ilan etmek.

Değişimin Basamakları

1. Birleşmiş Milletler gözetimi altında İşbirliği Yılının başladığını ilan edecek, bilim adamlarından (hem müspet bilimlerden hem de sosyal bilimlerden), sanatçılardan, düşünürlerden, ekonomistlerden, başarılı iş adamlarından ve ünlülerden oluşan, uluslararası bir forum oluşturmalıyız. Bu konferansta, katılımcılar, açlık ve yoksunluğu yok etmek için ellerinden geleni yapacaklarına dair söz verecekler. Bu kişiler, küreselleşmeye, ortak sorumluluğa ve birbirine bağlı olmaya dair farkındalığı yaymak için dünya çapında bir kampanyayı düzenlemek üzere ülkeleri tarafından görevlendirilmiş olacaklar.

2. Konferansın sonunda, Birleşmiş Milletlerden ekipler, bahsi geçen kavramları insanlara tanıtmak üzere, medya kampanyaları, okul programları, sokak ilanları ve diğer reklam araçları yaratmak için her ülkeyle çalışacaklar. Kampanyanın amacı, başkalarını sömürme düşüncesinin kötü olduğunu, paylaşma ve başkalarını düşünme düşüncesinin övgüye değer olduğunu ve neticede bunun bizim ikinci doğamız olduğunu anlatmaktır.

3. Birleşmiş Milletler ekipleri, Birleşmiş Milletlerin genel merkezinde, yaptıkları eylemlere dair rapor vermek ve bu eylemleri eşzamanlı kılmak için düzenli olarak

toplanacak ve böylece karşılıklı sorumluluk hissine doğru genel küresel gelişimi tanıtacaklar. Bu toplantılar, şeffaflık sağlamak ve onların güvenilirliğini artırmak için canlı olarak yayınlanacak. En önemlisi, beraber çalıştığımızda ne kadar üretken olabileceğimizi gösterme fırsatı olacak.

4. Ortak sorumluluğu ve dayanışmayı tanıtmada başarılı olan ülkeler, birlikler ve hatta bireyler, bugün film ve müzik yıldızlarının takdir edilişine benzer şekilde takdir edilecekler ve yüceltilecekler. Bu durum, başarı gösterenlere başarı göstermeye devam etmeleri için ve başarı göstermeyenlere de katılmaları için cesaret veren, güçlü bir teşvik olacak.

5. Toplum yanlısı davranışların etkisi konusunda yapılan sayısız deneyden (David W. Johnson ve Roger T. Johnson'ın "Eğitimsel Psikoloji Başarı Hikâyesi: Sosyal Açıdan Birbirine Bağlı Olma Teorisi ve İşbirlikçi Öğrenim" [89]) biliyoruz ki depresyon ve ilaç bağımlılığı gibi tipik Batı dertleri, kampanya kök saldığında tamamen yok olacak. Bunun karşılığında büyük miktarda finansal ve insani kaynak serbest kalarak, insanlığın diğer gereksinimlerine yönelecek. Uluslararası düşmanlıklar da büyük ölçüde azalacak; sadece düşmanların finansal ve ahlaki destek eksikliğinden dolayı olsa bile. Birbirine bağlı bir dünyada, savaşmak akılsızlık olur ve bu herkes için çok bellidir.

Biz, ARI Araştırma Enstitüsü olarak, uluslararası iş birliği, ağ oluşturma ve fikirlerin dağıtımı konusunda uzun yıllara dayanan tecrübeye sahibiz. Simültane olarak sekiz dile çevrilen, ücretsiz yayın yapan bir internet sistemimiz var ve neredeyse son dakikada bile yazı ve video materyali üretebilecek düzeydeyiz.

Hâlihazırda küresel eğitim konusunda UNESCO ile iş birliği yapmaktayız ve tüm hizmetlerimizi ve olanaklarımızı bedelsiz olarak, verimli ortaklığımızı genişletmek umuduyla Birleşmiş Milletlere sunmaktayız.

Bugün Doğa bizden birlik olmamızı talep ediyor. Zaman içinde, hepimiz buna razı olana kadar bu talep artacak. Aynı zamanda bu talep, kendimiz ve çocuklarımız için sürdürülebilir bir realite inşa etmedeki başarımızın anahtarı olacaktır. Bütün bunların ışığında, birleşmeli ve beraber çalışmalıyız, ancak bu şekilde başarılı olacağız.

Yeni Ekonominin Yararları

Dengeli bir ekonomi, küresel ve integral realitede bir zorunluluk değil, aynı zamanda hepimizin yararına olandır.

Temel Prensipler

• Karşılıklı sorumluluk prensiplerine dayalı bir ekonomi, küresel-integral sistemin ilkeleriyle uyumludur ve dolayısıyla istikrarlı olacaktır ve varlığımızın devamlılığına dair makul gereksinimlerimizi en iyi şekilde sağlayacaktır. Aynı zamanda kişisel ve sosyal potansiyellerimizi fark etmek için zaman ayırmamıza imkân sağlayacaktır.

• Karşılıklı sorumluluk şemsiyesi altında olan bir ekonomide pek çok sosyal ve ekonomik avantaj vardır, örneğin hepimiz için adil bir yaşam standardı, yaşam maliyetlerinin düşmesi, şeffaflık, "ekonomik pastadan" daha büyük bir dilim ve ekonomik eşitsizliğin ve uçurumların azalması.

• Bugünün rekabetçi, benmerkezci ekonomisinden dengeli, fonksiyonel bir ekonomiye dönüşüm, toplum yararına kullanılabilecek birçok para, mal ve kaynak fazlalığı ortaya çıkaracaktır.

- Karşılıklı sorumluluğa dayalı bir ekonomiye doğru dönüşüm aşamalı olarak gerçekleşecektir ve bunun başlamasıyla pozitif bir değişim ve umut yaratılmış olacaktır - yeni bir ruh, birleşme hissi ve kişisel güven.

Avrupa'da ve Amerika Birleşik Devletleri'nde Artan Kriz

Küresel ekonomik kriz hızla kötüye gitmektedir. Amerika Birleşik Devletleri, kredi değerlerinin düşmesiyle ilk kez sıkıntı çekmekte ve Euro Bölgesi hep beraber çöküşe geçerek, tüm dünya genelindeki finansal pazarı sarsacak şekilde devlet borçlarını ödeyememe riskiyle yüz yüze kalmaktadır. Aynı zamanda, önde gelen ekonomistler kötü bir şeyler olacağını sezen açıklamalar yapıyorlar, örneğin Nouriel Roubini'nin "Ciddi bir olasılıkla, gelecek 12 ay içinde birçok gelişmiş ülkede durgunluk olacak,"[90] ya da Joseph E. Stiglitz'in "Bir bakıma, sadece bizim ekonomimizde kriz yok, ekonomi biliminde de kriz söz konusu,"[91] dediği gibi.

Ülkelerin birbirine ekonomik olarak bağımlı olması, kendilerini izole etmeyi ve kendi sorunlarını bağımsız olarak çözmeyi imkânsız kılıyor. Buna en iyi örnek, Euro Bölgesi'nin, zorlanan Yunan ekonomisini kurtarma çabasıdır. Polonya Maliye Bakanı Jacek Rostowski, Avrupa Parlamentosu'ndaki konuşmasında şöyle uyardı: "Avrupa tehlikede ve Euro Bölgesi'nin çökmesi, Avrupa Birliği'nin yıkılmasına ve sonuçta Avrupa'da bir savaş çıkmasına neden olan bir dizi reaksiyona sebep olacaktır."[92] Alman Başbakanı Angela Merkel de, "Euro bölgesi liderleri, krizin diğer Avrupa ülkelerine sıçramasını engellemek için, Yunanistan'ın etrafında bir güvenlik duvarı kurmak zorundadır," dedi.[93]

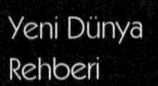

Yeni Dünya Rehberi

Dr. Michael Laitman

Doğal olarak, yatırımcılar dünya ekonomisinin geleceğine dair endişeliler. Politika üreticilerinin, yatırımcıların ve bankerlerin, Washington'daki hafta sonu toplantılarında, dünyanın en büyük bono yatırımcısı PIMCO'nun yönetim kurulu başkanı Mohamed A. El-Erian şu öngörüde bulundu, "Avrupa ekonomik durgunluğa doğru kaydıkça, gelecek yıl ekonomiler durma noktasına gelecek."[94]

Aynı toplantıda, eski Amerika Birleşik Devletleri Hazine Sekreteri Lawrence Summers, 20 yıl boyunca IMF'deki tüm toplantılarda bulunduğunu söyledi ve şunu ekledi, "Küresel ekonominin geleceğine dair bu kadar endişe duyduğum ve konuların böylesine vahim olduğu bir toplantı daha önce yapılmamıştı."

Avrupa ve Amerika'daki işsizlik oranı çok yüksek ve artmaya devam etmekte. Örneğin, İspanya'da işsizlik oranı, yılın ilk çeyreğinde, 4,9 milyon işsiz insan gibi rekor bir rakamla, Euro Bölgesi'nin en yüksek yüzdesi olan yüzde 21,3'e çıkmıştır. Amerika'daki işsizlik oranı, 13,3 milyon işsiz insanla, yüzde 8,6'dır.[96]

Ekonominin Yeniden Yapılandırılmaya İhtiyacı Var

2008'de başlayan küresel krizi çözmedeki başarısızlık, en seçkin ekonomistleri dahi şaşırttı ve bu durum hâlihazırdaki ekonomik değerlerin sınırlı olduğunu ortaya koydu. Geniş kapsamlı para politikaları, ekonomik gerilemeyi tersine çevirmeyi ve aşamalı olarak iyileştirmeyi amaçlamıştı, ancak bunun tersi olmuş gibi görünüyor. Öyle görünüyor ki karar vericilerin elinde olan ekonomik araçlar, krizin kendisinden ziyade, sadece krizin belirtilerini ele aldılar.

Faiz oranları indirimi, endüstriyi ve ticareti iyileştirmeyi amaçlayan bütçe artışı, vergi kesintileri, finansal reformlar, merkez bankalarının bono ve döviz piyasasındaki müdahalelerinin hepsi, durmuş ekonomiyi canlandırmaya yetmedi.

Krizi çözmek için, ilk önce sorunun kökenini tespit etmemiz ve bunu düzeltecek bir çözümü benimsememiz gerekir. Sadece belirtilerle ilgilenmek krizin kendisini çözmüyor, zira yakın zamanda belirtilerin yeniden ortaya çıkışı bunun göstergesidir.

Temel olarak ekonomi, birbirimizle nasıl ilişki kurduğumuzun ifadesidir. Hâlihazırdaki ekonomide, içimizdeki eksiklik hissini sürdürmemizi sağlayan rekabetçi ortamda kârımızı en yüksek kılmak ana kaygımızdır. Bunun sonucu, birinin başkası pahasına kazandığı, sıfır kazançlı bir oyundur.

Ekonomik krizin çözümü, öncelikle ilişkilerimizi karşılıklı sorumluluğa dayandırmak üzere değiştirmemizi gerektirir. Böyle bir değişim, ancak bunu destekleyen bir çevreyi yaratmakla mümkün olacaktır, bizi bu değişim konusunda eğitecek bilgi sistemleri de bu çevreye dâhildir. Bu, hem yetişkin hem de gençlik eğitim sistemlerinin yanı sıra, medyanın kullanımını da kapsayacaktır. Eğitimin çerçevesi, dayanışma, iş birliği, duygudaşlık, başkalarını dikkate alma ve karşılıklı sorumluluk gibi değerleri destekleyecektir.

Sosyal bilimler, çevrenin insanları nasıl etkilediğine dair birçok kanıt sunar.[97] Dolayısıyla, bize farklı düşünmeyi ve toplum yanlısı değerleri benimsemeyi öğretecek bir toplum oluşturmalıyız.

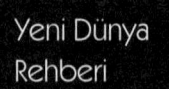
Yeni Dünya Rehberi

Dr. Michael Laitman

Bugün, toplum bizi para, güç ve başarıyla ödüllendiriyor. Bu tarz ödüller, rekabet yaratıyor ve her birimiz kişisel, kurumsal, ulusal ve uluslararası seviyelerde diğerlerini sömürmeye ve manipüle etmeye çalışırken saldırganlığa neden oluyor. Eğer ödüller değişseydi ve onun yerine karşılıklı sorumluluk teşvik edilseydi, değişimi yapmak kolay olacak ve geniş kitlelerin desteği alınmış olacaktı. Çevrenin davranışlarımızı etkilemedeki gücü budur.

Her Şey Sırasıyla: Ateşi Söndürmek

Öncelikle, ateşi söndürmeliyiz ve karşı karşıya kaldığımız en zorlayıcı meselelerle ilgilenmeliyiz. Bunu yapmak için, bir araya gelmeli, yuvarlak masa formatında görüşmeli ve tıpkı bir ailede olduğu gibi, aramızda fakirlik sınırının altında yaşayan ve muhtaç olan insanlara nasıl yardım edebileceğimizi tartışmalıyız. Bu tür sorunlara dair hepimizin hemfikir olduğu çözümler bulamazsak, hiçbir ilerleme kaydedemeyiz.

Aramızda karşılıklı sorumluluk bilincini oluşturmanın ön koşulu uzlaşmadır. Karşılıklı sorumlulukta hemfikir olmak, daha şanslı olanların diğerlerine yardım etme konusunda gerekli ödünleri yapmasını sağlayacaktır ve yoksulluğun getirdiği zorluklarla ciddi anlamda ilgilenecek ekonomik değişiklikleri yaratacaktır.

Dengesizliği düzeltecek olan para kaynaklarının bir kısmı, sosyoekonomik önceliklerdeki değişimi yansıtacak şekilde devlet bütçesinden gelecektir. Ancak, paranın büyük bir kısmı, aşırı tüketimden makul tüketime dönüşümle yaratılan yeni kaynaklardan gelecektir. Bu dönüşüm, bireysel ve rekabetçi bir ekonomiden, küresel, integral dünyanın ilkeleriyle senkronize çalışan, iş birlikçi ve uyumlu bir ekonomiye geçişi yansıtacaktır.

Aynı zamanda, temel yaşam becerilerini edinmeli ve yeni dünyada dengeli, bağımsız bir şekilde yaşamamız için bizi yetiştirecek bir tüketici eğitimi almalıyız. Bu eğitimi acil ekonomik ve finansal çözümlerle bir araya getirmek, toplumdaki az gelirli vatandaşlar için bir "kalp masajı" gibi olacaktır. Bu aynı zamanda, sosyal ve ekonomik bir anlaşma olarak karşılıklı sorumluluğu benimsememiz için gereken ortak temeli, bizi küresel ve integral dünyanın ilkeleriyle uyum içinde olacak şekilde birbirimize bağlayarak oluşturacaktır.

Karşılıklı Sorumluluk Şemsiyesi Altında Yeni Bir Ekonomiye Doğru

Krizin bizi değişime doğru çektiği bu sürecin sonunda, düzeltilmiş sosyoekonomik sistemi tanımlamak kolay olacaktır. Mevcut ekonomik sistemin küresel ağdaki yetersizliği ve kişisel ve politik olarak birbirine bağımlılığın artışı, küresel krizin yükselişindeki esas sebeplerdir. Karar veren kişiler ve lider ekonomistler, tüm bunların en temel meseleler olduğunu anladıkları zaman, her ne kadar ilişkilerimizi karşılıklı sorumluluk ilkesine göre değiştirmek zorunda olsak da, çözüm daha net bir hale gelecektir. Bu bir kez başarıldığında, dünyadaki değerlerin ve fikirlerin bu değişimini yansıtacak yeni bir ekonomiye doğru hareket edebileceğiz.

Karşılıklı sorumluluk şemsiyesi altında, hem ekonomi hem de toplum, küresel ilişkiler ağı ile ahenk içinde olacak. "Rüzgâra karşı hareket etmek" ve başarısız bir ekonomik metodu korumaya çalışarak kaynakları ve enerjiyi

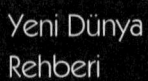

Dr. Michael Laitman

ziyan etmek yerine, her seviyede sosyal birliğe dayanan, uluslararası iş birliğini kapsayan, dengeli bir tüketim ve sağlam bir finans piyasası oluşturan, yeni bir ekonomi oluşacak. Bu, her 5-7 yılda bir patlayan balonlar üreten mevcut finans piyasalarından çok daha farklı olacaktır.

Karşılıklı Sorumluluğa Dayalı Ekonominin Faydaları

Karşılıklı sorumluluğa dayalı ekonominin birçok yararı söz konusudur. Mevcuttaki başarısız ekonomik modele tutunmaya ve finansal krizi takip eden acil sorunları hafifletmeye çalışarak, karşılıklı sorumluluk ekonomisinin geniş olanaklarını değerlendirmeyi zorlaştırıyoruz. Eğer zaten karşılıklı sorumluluk koşulunda olduğumuzu hayal edersek, bunun birçok avantajını görebileceğiz:

1) Hepimiz için adil bir yaşam: Karşılıklı saygıya dayanan ekonomi politikası, fakirlik sınırında yaşayan insanlara yardım etmek için gereken devlet fonlarını adil olarak paylaştırmamıza yardım edecektir. Aynı zamanda, çalıştaylar, yaşam becerisi eğitimi ve tüketici bilimi, finansal bağımsızlık geliştirme konusunda insanlara yol gösterecektir. Paramızın ötesinde yaşamak ve aşırı tüketim, düzeltilmesi gereken küresel bir sorumluluk haline gelmiştir.[98-99]

2) Yaşam Maliyetlerini Düşürmek: Açgözlülük artık ekonomik ilişkilerimizin temeli olmadığında, her birimiz makul bir kazançla yetindiği zaman ve başkalarının pahasına kârımızı arttırma peşinde olmadığımızda, ürün ve hizmet fiyatları neredeyse üretim maliyetine kadar düşecek. Bugün, birçok ürünün ve hizmetin fiyatı çok yüksek çünkü ticari zincirin içindeki her bir bağlantı kendi kârını yükseltmeye

çabalıyor. İletişim ağlarında ve kamu söyleminde karşılıklı sorumluluk değerini yükseltmek, firmaların halkın yararını da dikkate almalarını sağlayacaktır. Bu durum hepimiz için yaşamı daha makul bir hale getirecektir.

Fiyatları düşürme hareketinin ilk belirtileri şimdiden kendini göstermektedir. Sosyal huzursuzluk, imalâtçıları ürünlerinin ve hizmetlerinin fiyatını düşürmeye itmiştir. Şimdilik bunlar tutarsız, nadir, önemsiz ve geçici indirimler gibi görünse de, eğilimin bu yönde olduğu açıktır. Nispeten daha dengeli bir tüketime doğru geçiş yaptığımızda, hem talep hem de fiyatlar aşağıya inecektir.

Ayrıca, yaşam maliyetinin azalması, eşitsizliği ve sosyal ayrılığı azaltacaktır, bu karşılıklı sorumluluk ekonomisinin ana avantajlarından biridir.

3) Sosyal Ayrılığı Azaltmak: Mevcut küresel ekonominin ana hastalıklarından biri, eşitsizliğin sürekli olarak artmasıdır. Sosyal adalet talebinde bulunan dünya genelindeki huzursuzluğun ana sebebi budur. Birbirimize bir ailedeki gibi davranırsak, fırsat eşitsizliğinin aramızda ya da dünyanın hiçbir yerinde olmasını hoş görmeyeceğiz. Devrim korkusu, şiddet ve huzursuzluk yerine, sosyal ayrılıklar azalıp sistemin sağlamlığı arttıkça, karşılıklı sorumluluk ekonomisi daha geniş bir onay alacaktır.

Eşitsizliği azaltmak demek, diğer şeylerin yanı sıra, en tepedeki yüksek ücretlilerin ekonomik ve sosyal ödünler vermesi demektir. Eğitim, çevrenin etkisi ve etkin bir iletişim mekanizması, örneğin yuvarlak masa, bütün kararların şeffaflıkla ve adil olarak verilmesini ve karşılıklı sorumluluk için zorunlu olan sosyal ve ekonomik mutabakata varılmasını sağlayacaktır. Genelin iyiliği için ödün verenler, bu ödünlerine karşılık olarak, topluma

katkılarından dolayı, halkın takdiriyle ödüllendirilecektir. Buna ilave olarak, yardım görenler ve destek alanlar daha mutlu ve haysiyetli bir yaşam sürecektir. Onlar da bu yeni ekonomi yöntemini takdir edeceklerdir.

4) Gerçek, Eksiksiz Bir Bütçe Reformu: Toplumdaki her birey için sosyal adalet ve karşılıklı sorumluluk hissini oluşturabilecek tek şey, hepimizin aynı gemide olduğunu ve beraberce çalışmak zorunda olduğumuzu bilmektir. Bu, ulusal bütçede öncelikleri belirleme konusunda daha adil bir yöntem gerektirir; lobiciler ve baskı grupları arasındaki didişmelerle değil, geniş çaplı bir uzlaşmayla sağlanır.

Şeffaflıkla idare edilen bir ekonomi, herkesin kararların nasıl alındığını anlamasını sağlar ve hatta insanlara bu kararları etkilemesi için yardım eder. Katkı sağlama ve ortak olma hissine sahip olduğumuzda, mevcut durumda politika yapanlara karşı duyduğumuz kızgınlık gibi negatif duyguları artık hissetmeyeceğiz. Negatifliğin azalması, insanların karar alıcılar tarafından alınan kararları desteklemesini ve hemfikir olmasını sağlayacak; onların bazı seçimleri herkes tarafından beğenilmese bile. Yuvarlak masada karar alan bir aile gibi hareket etmenin verdiği tatmin, bizi birbirimiz adına ödün vermeye cesaretlendirecek.

5) Finansal Payı Artırmak: Eğer her vatandaş, şirket ve hükümet, kendini küresel ailenin bir parçası gibi hissederse, para, mal ve hizmette, devlet ve belediye bütçesinde ve hatta bireysel bütçemizde, harcamadığımız ekstralar olacaktır. Evimizde kullanmadığımız ne kadar çok eşya var, düşünsenize. Yiyecek ve giysi fazlalığımızı fakirlere verebilir ve parasal birikimimizi de başkalarının acil ihtiyaçlarını karşılamak için kullanabiliriz. Bu, bütçe açığı yaratmaz ya da vergi yükü eklemez.

Ancak, bağış yapmak, sağlam bir toplum hayatının ve ortak yardımlaşmanın önemli bir ifadesi olsa da, bunu bir çözüm olarak sunmuyoruz. Daha ziyade yararlılıktan bahsediyoruz. Örneğin, CNN raporuna göre, her yıl dünyada üretilen yiyeceğin yüzde 30'u ziyan ediliyor. Bu da Birleşmiş Milletler Gıda ve Tarım Örgütü'nün bir raporuna göre yaklaşık 1,3 milyar ton ediyor.[100]

Neden açlığın gerçekten sorun olduğu ülkeler bu fazlalığı alamıyor? Cevap tek kelimeyle şudur, "menfaat". Fazla yiyeceği dağıtmak demek, alımı çoğaltmak demektir ki bu da fiyatları düşürecektir. Bunun karşılığında yiyecek üreticilerinin ve pazarcıların kârı azalacak. Karşılıklı sorumluluk ilkesine dayalı bir ekonomide böyle bir durumun olması mümkün değildir. Ailemizin üyeleri açlık çekerken, nasıl yiyecek atabiliriz?

Bu sadece bir örnek. Karşılıklı sorumluluk ekonomisinin faydaları hakkında daha fazla örnek için, Yeni Ekonominin Faydaları kitabındaki "Fazlalıklar ve Halkın İyiliğini Artırmak" adlı bölüme bakınız.

6) İşçi-İşveren İlişkisini ve Firma-Hükümet İlişkisini Geliştirmek: Davranışsal psikoloji araştırmaları şunu gösterir ki varlıklı insanlar para değil, saygınlık ararlar.[101] Yine de bugün bile şirketler ve yönetim kurulu başkanları sağladıkları kâr ve kazanca göre değerlendiriliyorlar. Yüksek kâr payları, firma sıralamasında en üstte olmak ya da "yılın en başarılı yönetim kurulu başkanı" listesinde olmak demektir.

Muhtemelen, bu dar ve benmerkezci, kârı maksimize etme düşüncesinin en iyi örneği, Amerikan iş piyasasıdır. Amerikan iş piyasasının, ekonomi büyürken bile daha fazla iş olanağı yaratmamasının sebebi şudur: Firmalar, çalışanların fazla mesai yapmasını ya da yarı zamanlı çalışanların tam zamanlı çalışanlara dönüşmesini, yeni insanları işe almaya tercih ediyorlar.

Bugün bu tarz yaklaşımlar, mantıklı olarak kabul ediliyor. Fakat karşılıklı sorumlulukla yürütülen bir ekonomide bu tip değerler değişecek ve az sayıda insanın daha çok kazanç elde etmesi yerine, daha fazla insan ekonominin zenginliklerini paylaşabilir olacak. Şirketlerin hükümetle ve vergi yetkilileriyle olan ilişkilerinde de benzer gelişmeler yapılacak, böylece daha adil vergiler olacak ve vergi kaçırma azalacak.

7) İstikrar ve Uzun Vadeli Çözümler: Yeni ekonomi karşılıklı sorumluluk değerlerine dayanacak ve ister istemez bugünün küresel bağımlılığı ile tutarlı olacak. Küresel ve integral ağ ile denge ve uyum içinde olan böyle bir ekonomik metot, tüm mevcut ekonomik ve sosyal metotlardan daha istikrarlı ve sürdürülebilir olacaktır. Bu metot uygulandığı çevreye uyum sağlayacak ve o çevrenin elemanları yani insanlar, şirketler ve devletler arasında geniş bir uzlaşma yansıtacaktır. Hem insan hem de Doğa ile uyumlu olan, dengeli bir ekonomi, her insanın haysiyet içinde yaşamasını, sistemin "iyi niyetli" olduğunu hissetmesini, yeterli yardım almasını ve sisteme katkı sağlayarak karşılık verme fırsatını bulmasını sağlayacaktır.

8) Güven Duymak: Yeni ekonomiye geçiş aşamalı olacaktır. İlk önce, değişimin ve umudun dinamikleri, toplumda yeni bir hava, kişisel güven ve bütünlük hissi yaratacaktır. Mevcut kullanılma korkusu, yerini birçok alanda ödün vermeye ve cömert davranışlarda bulunmaya bırakacaktır, örneğin daha uygun konut fiyatları, çalışanları sömürmeyen iş sözleşmeleri, gerçekten kamu yararına hizmet eden daha basit bürokrasi, adil bankalar

ve makul fiyatlarda hizmet sağlayan hizmet verenler. Kısacası, insanlar, bu belirsiz zamanlarda şiddetle ihtiyaç duyduğumuz ve paranın satın alamayacağı güven hissini ilişkilerinde hissedecekler.

9) Gerçek Mutluluk: Yeni ekonomi, parayla ölçülemeyen bir doyum hissi yaratacak. Yeni Ekonominin Faydaları kitabında, "Para Mutluluk Demektir Düşüncesini Sorgulayan Araştırmalar" bölümünde anlatıldığı gibi, belirli bir gelir seviyesinin ötesinde, fazladan kazanılan para kişinin hislerini değiştirmez. Aksine, insanlar güven ve doyum veren yakın ilişkiler kurmaktan mutlu olurlar. Yeni ekonomi ve onun yararları geçici değildir, aksine sağlam ve istikrarlıdır, çünkü karşılıklı sorumluluk ilkeleriyle uyumludur. Bu da karar alma sürecinin geniş bir uzlaşmayla yapılmasını mümkün kılar.

10) Uygulanabilir Karar Alma Süreci: Yeni ekonomi şeffaflıkla yönetileceği için, herkes kararların nasıl alındığını görecek ve onları etkileyebilecek. Pratik bir karar alma sürecini oluşturmakta tek yol, insanların alınan kararların âdil ve önyargısız olduğunu ve herkesin ihtiyaçları iyice düşünülerek alındığını anlamasıdır. Aynı zamanda bu durum, sosyoekonomik sistemin istikrarını da sağlayacaktır.

11) Ekonomik ve Finansal İstikrar: Para piyasası, şirketler ve yatırımcılar için bir araya gelme ortamı olmaktan çıkıp, saldırgan küresel oyuncuların güçle ve sistemin iyiliğini düşünmeden, "fazladan papel" kazanmak için pazarı sarstığı bir savaş alanına doğru değişmiştir. Karşılıklı sorumluluk ekonomisi, para piyasalarının tekrar tekrar patlayarak reel ekonomiyi felâkete sürükleyen finansal balonlardan kaçınmasını sağlayacaktır.

12) **Dengeli Tüketim:** Fazla tüketimin peşinden gitmek, uzun zamandır hayatımızın ve dünya ekonomisinin temel unsuru olmuştur. Karşılıklı sorumluluk ekonomisinde, bu durum yavaş yavaş daha dengeli bir tüketime doğru yol alacak. Şükürler olsun ki mevcut kriz sebebiyle, rekabetçi, ziyankâr ve eşitsiz ekonomiden, herkesin temel ihtiyacını sağlamayı amaç edinen daha dengeli, fonksiyonel bir ekonomiye doğru giden bir süreç başladı. Bizi gereksiz ürün ve servis almaya ikna etmiş olan reklamlar ve sosyal baskı oluşturan diğer organlar kaybolacak; tıpkı sayısız, yararsız marka ve ürünün kaybolacağı gibi. Onun yerine, müşterek iyilik adına toplum hayatına dâhil olma ve katkı sağlama arzusu, tüm bunların yerine geçecek ve kişinin gururu ve mutluluğu bu olacak.

Bununla beraber, azalan talep sebebiyle fiyatlar düşecek ve makul, haysiyetli bir yaşam hepimiz için mümkün olacak. Firmalar, sadece bizim dengeli ve rahat bir yaşam sürmemiz için gerçekten gerekli olanı üretecek.

13) **Küresel Denge ve Ahenk:** Aşırı tüketimden dengeli satın almaya geçiş, gelecek yıllarda rahatlıkla yaşamımızı sürdürmemizi sağlayacak yeterli kaynakları barındıran bir Yeryüzü'nü ortaya çıkaracak. Doğal kaynakların ziyan edilmesi son bulacak ve biz muhteşem bir yenilenme becerisine sahip bir Yeryüzü keşfedeceğiz.

Karşılıklı sorumluluk ekonomisinin istikrarı, güçlü bir sosyal birliğe ve ortak memnuniyete dayanmaktadır. Bu istikrar, küreselleşme döneminde birbirimize bağlı olduğumuzu ve ilişkilerimizi, sosyal ve ekonomik sistemlerimizi, ahenk içinde olan tek bir sisteme adapte etmemiz gerektiğini anlamamızı talep eder. Bu denge ve ahenk, tüm insanlığın ihtiyaçlarını sağlayacak ve herkesi

kendi içinde büyük bir potansiyel olduğunu anlaması için cesaretlendirecek ve destekleyecek.

Karşılıklı Sorumluluk – Eğitim Gündemi

Eğitim, tüm dünyaya acı veren, bilindik bir sorun. İlgisiz çocuklar, düşen notlar, şiddet ve başıboş davranışlar gösteriyor ki birçok ülkede eğitim sistemi işlevsiz bir hale geldi.

Bazı sorunlar, eğitim sisteminin yapısından ve bu yapının değişimleri benimseyememesinden kaynaklanıyor. Ancak, değişim kesinlikle gerekli, çünkü yaklaşık 200 yıl önceki Endüstri Devrimi günlerinden bu yana okullarda çok az şey değişti. Kalabalık sınıflar, sıraların arkasında uzun saatler boyunca oturmaya zorlanan çocuklar, kısa molalar ve ezberlenmesi gereken çok fazla miktarda yararsız bilgi, halen geçerliliğini koruyor. Okulların ilk kurulduğu günlerde, fabrikalardaki seri üretim bantlarında çalışan işçi kitlelerini eğitmeye büyük bir ihtiyaç vardı.

Dolayısıyla, mevcut okul yapısı, eğitim kavramının çok dar bir algısını yansıtmaktadır. Britannica Ansiklopedisi eğitimi şu şekilde tanımlıyor: "Eğitim, bir toplumun birikmiş bilgisinin ve değerlerinin aktarımı olarak düşünülebilir. Bu bir anlamda, bilim adamlarının sosyalleşme ya da kültürlenme diye tanımladıklarına denktir. Çocuklar— ister Yeni Gine'nin kabileleri arasında, ister Rönesans Floransa'sında ya da Manhattan'ın orta sınıfında doğmuş olsun—kültürleri olmadan doğarlar. Eğitim, onların bir kültürü öğrenmelerini sağlamak için onlara rehberlik etmek, yetişkinlerin tarzında onların davranışlarına şekil vermek

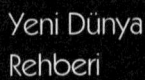

Yeni Dünya Rehberi

Dr. Michael Laitman

ve onları toplumdaki nihai rollerine doğru yönlendirmek için düzenlenmiştir."[102]

Bugün okulların çok azı öğrencileri üniversite ve lise eğitimlerine devam ettirecek araçlarla donatma amacındadır. Okullar çocukları kelimenin tam anlamıyla eğitmemektedir.

Eğitim, biraz önce tanımladığımız gibi, sadece bilgi sağlama eylemi değildir. Hepimizin kişiliğini ve davranışlarını oluşturmak için bir süreçtir. Aslında eğitimin özü, öğrencilere hayatla başa çıkmalarını ve başarılı olmalarını öğretmektir. Yalnızca bilgiyi nasıl ezberleyeceğini öğreten bir okul, bugünün realitesiyle bağdaşmamaktadır.

Yukarıda söylediklerimizin ışığında, eğitim sisteminde köklü değişimler yapmak zorunda olduğumuzu anlama noktasına geldik. Modern dünyanın bize sunduğu zorlukları incelemeli ve sunduğumuz mevcut eğitimin bu zorlukları yeterince cevaplayıp cevaplamadığını görmeliyiz.

Bugünün realitesinde, dünyamız sosyal, politik ve ekonomik olarak küresel bir köy haline geldi. Birbirimize bağlandığımız andan itibaren, bencilliğin değerleriyle, başkalarına aldırmadan yaşamlarımızı sürdürme becerimizi kaybettik. Bu değerler eski, bireysel ve bencil dünyada belki yararlıydı, fakat insanlığın integral ve küresel bir sisteme döndüğü andan itibaren, kurallar Doğa'daki tüm integral sistemlerdeki kurallara benzer hale geldi.

İnsan bedeni böyle bir integral sistemin en iyi örneğidir. Bedenimiz içindeki, hücreler ve organlar arasındaki iş birliği ve uyum (homeostaz olarak bilinir), bedenin sağlıklı olmasını sağlar. Sağlıklı kalmak için, her hücre ve organ, tüm organizmanın yararına göre hareket eder. Hücreler arasındaki ahenk, sağlıklı bedeni muhteşem bir makineye

çevirir, tüm bedenin sağlığı da buna karşılık olarak her hücrenin sağlığına katkıda bulunur.

Bedenimizdeki hücrelerin çalışma şekli, Doğa'daki karşılıklı sorumluluk ilkesini açıkça gösterir. Aslında, sistemin sürdürülebilirliği, onu oluşturan elemanlar arasındaki karşılıklı ilişki durumuna bağlıdır.

Dolayısıyla, integral hale gelmiş dünyanın tersine, birbirimizle bencil şekilde ilişki kurmaya devam edersek, Doğa'nın yasalarıyla uyumsuz hareket etmiş oluruz. Böyle yapmakla, organizmanın parçaları olan hücreler gibiyiz, ama hâlâ sadece kendimiz için tüketiyoruz. İnsan bedeninde bu şekilde hareket eden hücreler, kanserli hücrelerdir. İnsanlık için ise, bu çok katmanlı, çok yönlü bir küresel kriz ile sonuçlanır.

Bu krizi çözmek için, aramızdaki ilişkiler bağını düzeltmek ve onu gerçekten küresel yapmak zorundayız. Her birey, yaşadığımız dünyanın doğasını tanımalı ve şunu anlamalıdır ki 21.yüzyılda insanın özel hayatı, onun başkalarına olan yaklaşımına bağlıdır. Öyleyse, insanları, birbirlerine karşı duyarlı hale gelmeleri ve dünyaya yaklaşımlarında ilgili ve sorumlu olmaları için eğitmeliyiz.

21.yüzyılda, dünya, sorunlarını çözmek için ekonomik veya politik çözümlerden daha fazlasına ihtiyaç duymaktadır. Her şeyden önce, en önemlisi, eğitimsel bir çözüm gereklidir.

Sayısız çalışma ve kitap, genç bir insanın kişiliğini oluşturan en önemli unsurun çevresi olduğunu göstermiştir. Dolayısıyla, bir çocuğu gerçek anlamda "eğitmek" için, onu pozitif davranışların ve doğru değerlerin[103] verildiği bir çevreye getirmek gerekmektedir. Hâlihazırda dünyanın hissettiği krizi ortadan kaldıracak bir nesil yetiştirmek için, çocuklarımız için farklı bir sosyal çevre yaratmalıyız.

Çok erken yaşlardan itibaren, çocuklar, yetişkinlerin dünyasındaki acının esas nedeninin egoizm ve başkaları pahasına haz alma arzusu olduğunu anlayarak büyümelidirler. Aynı zamanda, çocuklarımıza, çeşitli eğitim araçları kullanarak, karşılıklı dayanışma, hoşgörü ve anlayışa dayanan ilişkileri ve bu ilişkilerin yaşamdaki ahengi ve devamlılığı sağladığını göstermeliyiz.

Küresel Eğitimin On Temel Prensibi

1. Sosyal çevre kişiyi şekillendirir: Sosyal çevre çocukları etkileyen en temel unsurdur. Dolayısıyla, çocuklar arasında, herkesin herkesle ilgilendiği "minyatür bir toplum" yaratmalıyız. Böyle bir çevrede yetişen çocuk, sadece kendi yaratıcı potansiyelini ifade etmekte başarılı olmayacak, aynı zamanda hayata pozitif yaklaşacak ve kendi okul çevresinde benzer bir topluluk oluşturmayı arzulayacaktır.

2. Kişisel örnek: Çocuklar, hem onlara verdiğimiz kişisel örneklerden, öğretmenlerden ve ebeveynlerden, hem de medyadan ve maruz kaldıkları diğer sosyal ortamlardan öğrenirler.

3. Eşitlik: Öğrenme sürecinde, bir öğretmen değil, bir eğitimci olmalıdır. Eğitimci yaş olarak büyük olsa da çocuklar tarafından "bizden biri" olarak algılanacaktır. Bu şekilde, eğitimci, çalışmanın her yönünde – bilgi açısından, ayrıca ahlaki ve sosyal açıdan – çocukları yavaş yavaş yukarı çekebilecektir. Örneğin, ders sırasında çocuklar ve eğitimci daire halinde oturup konuşacaklar ve herkese eşit davranılacaktır.

4. Oyunlar vasıtasıyla öğretmek: Çocuklar oyunlar vasıtasıyla büyür, öğrenir ve her şeyin nasıl birbirine bağlı olduğuna dair anlayışlarını derinleştirirler. Oyunlar çocuklara dünyayı öğretir. Esasında, onlar kelimeleri duyarak öğrenmezler. Daha ziyade tecrübeyle öğrenirler. Dolayısıyla, çocuklarla çalışırken oyunları kullanmak öncelikli bir metottur. Oyunlar öyle düzenlenmelidir ki çocuklar yalnız başlarına değil, ancak başkalarının yardımıyla başarılı olabileceklerini, başarılı olmak için başkalarına taviz vermeleri gerektiğini ve iyi bir sosyal çevrenin onlara sadece iyilik vereceğini görsünler.

5. Haftalık geziler: Her hafta bir gün okuldan çıkılmalı ve şehirde bir gezi yapılmalıdır. Bu tip yerler, çocuğun yaşına bağlı olarak parklar, hayvanat bahçeleri, film stüdyoları ya da tiyatro olabilir. Ayrıca çocuklara hayatımızı etkileyen sistemlerin nasıl çalıştığı da öğretilmelidir, örneğin postane, hastane, hükümet daireleri, yaşlılar evi veya yaşamlarımızın bir parçası olan süreçleri öğrenebilecekleri herhangi bir yer. Gezinin öncesinde, gezi sırasında ve sonrasında, nelerin görüleceğine dair, beklentilerine kıyasla deneyimin nasıl olduğuna dair, edindikleri sonuçlara dair konuşmalar yapılmalıdır.

6. Büyükler küçüklere öğretir: Küçük yaş grupları, büyük yaş gruplarını kolayca benimser ve büyükler küçüklerden, küçükler de büyüklerden öğrenir. Bu şekilde, herkes kendini öğrenme sürecinin bir parçası gibi hisseder ve başkalarıyla iletişim kurmada gerekli olan becerileri edinir.

7. "Küçük mahkeme": Öğrenme sürecinin bir parçası olarak, çocuklar günlük hayatlarında karşı karşıya kaldıkları durumlarla ilgili nasıl davranmaları gerektiğini, bir tiyatro oyunu gibi canlandırabilirler; örneğin kıskançlık,

güç mücadelesi, yalan gibi. Bunları canlandırdıktan sonra, dikkatle incelemeleri gerekir. Bu tarz tecrübelerle çocuklar başkalarını daha iyi anlamayı ve hissetmeyi öğrenirler. İlk anda başkalarının bakış açılarını kabul edemeseler de, başkalarının da haklı olabileceğini anlarlar. Gelecekte kendilerinin de benzer bir durumda olabileceğini, her insanın ve her bir fikrin dünyada bir yeri olduğunu ve herkese hoşgörüyle davranılması gerektiğini görürler.

8. Video kayıt aktiviteleri: Tüm yapılan aktivitelerin daha sonra seyredilmesi ve çocuklarla birlikte analizinin yapılması için, videoya çekilmesi tavsiye edilir. Bu şekilde, çocuklar belli durumlarda nasıl tepki verdiklerini ya da davrandıklarını görebileceklerdir. Geçirmekte oldukları değişimleri analiz edebilecek ve iç gözlem yapma becerisini geliştireceklerdir.

9. Birçok eğitimciyle küçük gruplar: Her on öğrenciden oluşan gruba iki eğitimcinin ve bir profesyonelin (bir psikolog) eşlik etmesi tavsiye edilir.

10. Ebeveyn desteği: Ebeveynler okulda verilen eğitim sürecini desteklemelidir. Çocuklara, okulda öğretilen değerlerin önemi hakkında konuşmalı, bu değerleri kendi davranışlarına da yansıtmalı ve başka değerleri dayatmaktan tamamen kaçınmalıdırlar. Bunu gerçekleştirebilmek için, ebeveynler için de kurslar düzenlenmelidir.

UNESCO ile İş birliği

Küresel eğitim metodu, UNESCO Genel Direktörü İrina Bokova tarafından içtenlikle kabul edilmiştir. Şu anda UNESCO ve ARI ortaklığında, küresel eğitimle ilgili bir kitap hazırlanmaktadır, konuyla ilgili bir dizi uluslararası konferanslar ve toplantılar yapılmıştır ve gelecekte yapılması için planlanmıştır.

Dr. Michael Laitman

ÖNERİ OKUMALAR

Bütünsel Toplumun Psikolojisi

Bütünsel Toplumun Psikolojisi, eğitime devrimsel bir yaklaşım sunar. Birbirine bağlı ve bağımlı olan bir dünyada, çocuklara akranları ile rekabet etmeyi öğretmek, birine sol elinin sağ elini kurnazlıkla yenmesini öğretmek kadar "akıllıca"dır. Bütünsel toplum, tüm parçaların toplumun esenliğine ve başarısına katkı yaptığı bir toplumdur. Toplum, bunun karşılığında, toplumdakilerin esenliğinden ve başarısından sorumludur, böylece karşılıklı bağlılık oluşur. Küreselleşen, bütünselleşen bir dünyada, yaşamak için tek mantıklı ve sürdürülebilir yol budur.

Bu kitapta, Profesör Michael Laitman ve Profesör Anatoly Ulianov arasındaki bir seri diyalog, eğitime karşı gözleri açan bir yaklaşımın prensiplerine ışık tutar. Rekabetin yokluğu, sosyal çevre aracılığıyla çocuğu yetiştirmek, akran eşitliği, veren kişileri ödüllendirmek ve grup ile eğitmenlerin dinamik yapısı, bu kitapta tanıtılan yeni kavramlardan sadece birkaçıdır. Bütünsel Toplumun Psikolojisi, 21. Yüzyılın integral realitesinde daha iyi bir ebeveyn, daha iyi bir öğretmen ve daha iyi bir insan olmak isteyen herkes için olmazsa olmaz bir kitaptır.

"Bütünsel Toplumun Psikolojisi'nde ifade edilenler, insanları başka olanaklar hakkında düşündürmelidir. Herhangi bir sorunu çözerken, tüm bakış açılarının incelenmesi gerekir. Rekabet etmekle ve öne geçmeye çalışmakla o kadar zaman harcıyoruz ki sadece birlikte çalışma düşüncesi bile kulağa çığır açıcı geliyor."

Peter Croatto, Foreword Magazin

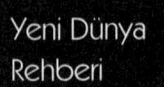

Dr. Michael Laitman

Yeni Ekonominin Faydaları:
Karşılıklı Sorumluluk Yolu İle Ekonomik Krizleri Çözümlemek

Hiç merak ettiniz mi dünyadaki en iyi ekonomistlerin tüm çabalarına rağmen neden ekonomik kriz küçülmeyi reddediyor? Bu sorunun cevabı bizde, hepimizde yatıyor. Ekonomi bizim ilişkilerimizin yansımasıdır. Dünya, doğal gelişim sayesinde, hepimizin birbirine bağlı olduğu, integral, küresel bir köy haline geldi.

Birbirine bağlılık ve "küreselleşme", dünyanın bir parçasında ne olursa, bu diğer her parçasını etkiler demektir. Sonuç olarak, küresel kriz için çözüm, tüm dünyayı kapsamalıdır, çünkü eğer sadece onun bir parçası iyileşirse, rahatsız olan diğer parçalar onu tekrar hasta edecektir.

Yeni Ekonominin Faydaları, ortak geleceğimize dair duyulan endişe ile yazılmıştır. Amacı, bugünün ekonomik karmaşasına dair anlayışımızı yani bunun sonuçları, nasıl çözümlenebilir ve bunun tahmin edilen sonuçlarını geliştirmektir. Yeni ekonomiye doğru giden yol, zorla yeni vergiler toplamaktan, para basmaktan ya da geçmişten bir ilaç kullanmaktan geçmez. Daha ziyade, çözüm herkesin birbirini ortak sorumlulukla desteklediği bir toplumda yatar. Bu, ilgili ve düşünceli bir sosyal çevre yaratır. Hepimiz birbirimize bağlı olduğumuz için ya birlikte yükseleceğimizi ya da birlikte düşeceğimizi anlarız.

Bu kitap, 2011 yılında, farklı disiplinlerden gelen çeşitli ekonomistler ve finans uzmanları tarafından yazılmış on üç "bağımsız" makale içerir. Her makale belirli bir konuyu ele alır ve ayrı bir parça olarak okunabilir. Ancak, tek bir tema

hepsini bağlar: küresel, integral dünyadaki sorunlarımızın nedeni olan ortak sorumluluğun yokluğu.

Bu makaleleri kendi seçim sıranızla okuyabilirsiniz. Bu kitabın yazarları olarak inanıyoruz ki eğer en azından birkaç makale okursanız, küresel krizi çözümlemek ve sürdürülebilir bir bolluk ekonomisi yaratmak için gereken dönüşüme dair daha kapsamlı bir görüş edinirsiniz.

Dr. Michael Laitman

ARI Enstitüsü Hakkında
Hedef Tanımı

Entegrasyon Araştırma Enstitüsü (ARI), kâr amacı gütmeyen bir organizasyondur. Yaratıcı fikirler ve çözümler sayesinde eğitim politikalarında ve uygulamalarında pozitif değişimlerin olmasını desteklemeye adanmıştır. Bu fikir ve çözümler, günümüzün en zorlayıcı eğitim meselelerine uygulanabilir. ARI Enstitüsü, birbirine bağlı olan, integral bir dünyada insanlığın başarılı olması için ihtiyaç duyduğu yeni kuralları fark etmenin ve uygulamanın yararlarını açıklayarak, yeni bir düşünme biçimi tanıtır.

ARI Enstitüsü, etkinlikleri, multimedya kaynakları ve ağ sistemleri sayesinde, uluslararası ve disiplinlerarası iş birliğini teşvik etmektedir.

Ne Yapıyoruz?

Gelecek nesillerin eğitimine dair küresel düşüncede pozitif bir değişimi harekete geçirmek için bir fırsat olacak şekilde, küresel kriz üzerine aktif diyaloğu teşvik ediyoruz. Böylece gelecek nesillerin, iklim, ekonomi ve jeopolitik ilişkiler alanındaki kitlesel değişimlerle baş edebilmesini sağlar. Materyalimiz ücretsizdir ve yaşa, cinsiyete, dine, politik veya kültürel düşüncelere bakılmaksızın herkese açıktır.

Materyaller, bugünün toplumunda ortaya çıkan doğal kanunların integral, küresel sistemini gösterir. Kendimizi, kurulu multimedya kanallarımız aracılığıyla bilgimizi uluslararası seviyede paylaşmaya adadık. Ayrıca, kendimizi, insanların ilişkilerini yürütmek için ortak sorumluluk ve kişisel katılım ruhuna ihtiyaç duyduklarını fark etmelerini sağlamaya da adadık.

Değerlerimiz

Hepimiz zor zamanlarda yaşıyoruz, kişisel, çevresel ve sosyal krizlerle karşı karşıyayız. Bu krizler meydana geliyor çünkü insanlık, kendi aramızda olan ve insanlık ile Doğa arasında olan birbirine bağlı ve bağımlı olma durumunu kavramayı beceremedi. Biz, yoğun bir medya ortamı ile kamuya bilgi sağlayarak, insan davranışının daha sürdürülebilir bir modele doğru değişmesi için bir katalizör olarak hareket ediyoruz. Mevcut küresel kriz için bir çözüm sunuyoruz ve bu çözümü, özel eğitim içeriğimiz ile tüm dünya çapında yayın yapan medya kanallarımız aracılığıyla sunarak teşvik ediyoruz.

ARI Enstitüsü, kapsamlı araştırmalar ve kamusal etkinlikler ile olayların doğal gelişimine ve küresel, integral dünyamızda mevcut olan duruma yol açan sosyal çöküşe dair net, kolay anlaşılır bir yaklaşım sunar. Ayrıca, internetteki ortamımızı çocuklara ulaşmak için genişletiyoruz. Çocuklar, onları küresel vatandaşlar olarak yaşayan, hoşgörülü, sorumluluk sahibi ve düşünceli insanlar olmaları için cesaretlendiren bir eğitim sürecine katılarak büyük fayda sağlayacaklar.

Çocuklar, internetteki bu ortamda, dünyanın farklı yerlerinde olan etkinliklerde aynı zamanda iş birliği yapacaklar. Bu tür etkinlikler, onların birleşik, küresel bir köy içinde birbirine bağlı olduklarını fark etmelerine yardımcı olacak ve onlara bu programlara katılarak insanlığın gelişimine nasıl yardımcı olacaklarını gösterecek. İnanıyoruz ki bu ortamda bulunmaları, bütün bir çocuk neslini ciddi olarak değiştirebilir, onları sorumluluk sahibi olan dünya vatandaşlarına çevirir ve insanlığın şu anki yıkıcı davranışlarında bir dönüm noktası oluşturur.

Eğitim Konusunda Nerede Duruyoruz?

Yeni nesil, benzeri görülmemiş zorluklarla dolu, tamamen yeni bir dünya ile karşı karşıya. Eğer çocuklarımızın ihtiyaçları üzerine odaklanırsak, onlara uyuşturucu kullanımı, şiddet ve okumayı bırakma gibi meselelerle mücadele etmelerinde ciddi olarak yardımcı olabiliriz. Bu meselelerin birçok mevcut eğitim sistemi tarafından başarıyla ele alındığına inanmıyoruz.

Ekonomi Konusunda Nerede Duruyoruz?

Kriz, ne finansal ne ekonomik ne de ekolojik. Daha ziyade, tüm medeniyetimizi ve yaşamın tüm alanlarını kapsayan küresel bir kriz. Dolayısıyla, krizin köküne bakmalıyız ve ortak nedeni ele almalıyız – kendi benmerkezci doğamız.

İnanıyoruz ki toplumda yapılacak yapay bir değişim uzun soluklu bir çözüm sağlamayacak. Öncelikle, aramızda olan bağları değiştirmeliyiz, benmerkezcilikten özgeciliğe geçmeliyiz. İntegral sistemlerin hareket ettiği prensip budur ve bugün insan toplumunun tam da böyle bir sistem olduğunu keşfediyoruz.

Dr. Michael Laitman

Etkinliklerimiz
TV ve Video Prodüksiyonları

ARI Filmleri (www.arifilms.tv), ARI'nın film ve televizyon departmanıdır. Son derece başarılı, dinamik bir prodüksiyon kuruluşudur ve internet, kablolu yayın ve uydu televizyon istasyonları için içerik oluşturmakta uzmanlaşmıştır. ARI Filmleri, eğitimsel ve belgesel programlar, yarı belgesel filmler ve konuşma dizileri yapar, ayrıca sipariş üzerine program da yapar. ARI Filmleri ekibi, deneyimli uzmanlardan oluşur. Video editörü, animatör, kameraman, senaryo yazarı, yapımcı ve direktör gibi alanları kapsayan geniş bir yelpazeye sahiptir.

Uluslararası Forumlar

ARI, düzenli olarak tüm dünyada uluslararası forumlar organize eder. Bu forumlara, konuşmalara ve çalıştaylara katılmaya istekli, büyük bir dinleyici kitlesi katılır. Forumlar internette, kablolu yayında ve uydu TV ağlarında canlı olarak yayınlanır.

Geleceğin Vatandaşları: Eğitim Merkezimiz ve Ağımız

Geleceğin Vatandaşları, kâr amacı gütmeyen bir eğitim birliğidir ve ARI'nın çatısı altında kurulmuştur. Çocuklara, gençliğe ve ebeveynlere internet ortamında eğitim sağlamayı hedefler. Bu ortam, bu küresel köyde çok önemli olan, sevgi ve başkalarını düşünme gibi değerleri tanıtır ve teşvik eder. İnanıyoruz ki bu değerleri edinen ve onlara tutunan çocuklar, mutlu ve tatminkâr bir yaşama iyi hazırlanmış olacaklar. Geleceğin Vatandaşları birliği, bu amaçlara ulaşmak için, aşağıda sıralanan çeşitli seviyelerde hareket eder.

Çocukların Eğitim Merkezleri Ağı

Geleceğin Vatandaşları eğitim merkezleri, "insan yetiştirmek" metodunun geliştirildiği ve günlük olarak uygulandığı yerlerdir. Burada, çocukların yararına, sevecen ve destekleyici bir ortam oluşturulmuştur, bu ortam dostluğa ve birbirini düşünmeye dayanır. Aktiviteler şunları içerir:

- Çocuklar arasında bağ kurmayı teşvik eden aktiviteler ve oyunlar;
- Genel olarak Doğa hakkında ve özel olarak insan doğası hakkında konuşmalar;
- Çeşitli okul konularında tamamlayıcı dersler;
- Kişiler arası ve grup içi iletişim için gerekli sosyal becerileri geliştirmek;
- Müzelere, parklara, doğaya, mahkemelere, daha birçok yere ve yaşamlarımızı etkileyen sistemleri çocuklara tanıtmaya yardımcı olan tesislere geziler;
- Bu yaratıcı metodu dünya çapında dağıtmak için aktivitelerin belgelenmesi ve eğitmenler için eğitim programlarının hazırlanması.

YFU Gençlik Hareketi

YFU (Birlik için Gençlik) gençlik hareketi, özellikle 12-18 yaş arasında, başkalarını sevme ve ortaklaşa düşünme değerlerini tanıtmaya arzusu olan gençler için destekleyici ve sevecen bir çevre yaratmak üzere oluşturuldu. Bu sosyal çerçeve, Geleceğin Vatandaşları eğitim merkezlerinin direkt bir uzantısıdır. YFU aktiviteleri şunları içerir:

- Genel olarak Doğa ve özel olarak insan doğası üzerine çalışmalar;

Dr. Michael Laitman

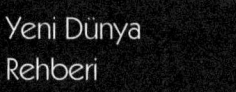

- Profesyonel eğitim;
- Sinema okulu;
- Kongreler, geziler ve birliği teşvik eden diğer aktiviteler;
- Çocukların eğitimi, birbirine bağlı bir dünyada yaşamak için bir sonraki nesli hazırlamak için;
- Bugünün dünyasında yetişkinler olarak yaşamak üzere hazırlık ve rehberlik;
- Başkalarını sevme, insan doğası ve bütün olarak Doğa üzerine ders planları geliştirmek;
- Çocuk programları ve eğitim programlarının yapımı ve dağıtımı;
- Eğitimsel oyunlar geliştirmek;
- Çocuklar, ebeveynler ve eğitmenler için toplantılar düzenlemek.

Dr. Michael Laitman Hakkında, ARI Enstitüsü Kurucusu

Dr. Laitman, ARI Enstitüsü'nün son derece nitelikli kurucusudur. Ontoloji Profesörüdür, Felsefe Doktora ve Medikal Sibernetik Master derecelerine sahiptir. Bugün, ARI Enstitüsü'nün, Kuzey, Orta ve Güney Amerika'da, Asya, Afrika, Batı ve Doğu Avrupa'da şubeleri vardır.

Dr. Laitman, eğitim politikalarında ve uygulamalarında pozitif değişimleri keşfetmek, bunları teşvik etmek ve günümüzün en zorlayıcı eğitim sorunlarında uygulamak için kendini eğitim konusuna adamıştır. Eğitim için, birbirine bağlı ve integral bir dünyada yaşamanın kurallarını uygulayan, yeni bir yaklaşım önerir.

Yeni Dünya Rehberi

Dr. Michael Laitman

Küreselleşen Dünyada Yaşama Rehberi

Dr. Laitman, bu yeni küresel köyde, birbirine teknolojik olarak gittikçe bağlı olan dünyamızda nasıl yaşanacağına dair belirli kılavuz ilkeler sunar. Onun taze bakış açısı, insan yaşamının tüm alanlarına dokunur: eğitime özel bir önem vererek çevre, sosyal ve ekonomik alanlar. Evrensel değerlere dayanan, yeni, küresel bir eğitim sisteminin ana hatlarını belirler. Bu, birbirine sıkıca bağlı olarak ortaya çıkan realitemizde birleşmiş bir toplum yaratacaktır.

Dr. Laitman, UNESCO genel Direktörü İrina Bokova ve UN Başkanı Müsteşar Yardımcısı Dr. Asha-Rose Migiro ile yaptığı görüşmelerde, dünya çapında mevcut olan eğitim sorunlarını ve bu sorunlara dair vizyonunu tartıştı. Bu kritik konu halen büyük bir dönüşüm sürecindedir. Dr. Laitman, bugünün gençliğinin eşsiz arzularını düşünerek ve son derece dinamik ve küresel dünyada yaşamaları için onları hazırlayarak, yeni iletişim araçlarından yararlanmanın aciliyetine vurgu yapar.

Son yıllarda, Dr. Laitman birçok uluslararası kurum ile yakın ilişkilerle çalıştı ve Goi Barış Vakfı ile Tokyo'da, Arosa'da (İsviçre), Düsseldorf'da (Almanya) ve Uluslararası Kültürler Forumu ile Monterrey'de (Meksika) birçok uluslararası olaya katıldı. Bu olaylar UNESCO'nun desteğiyle organize edilmişti. Bu küresel forumlarda, dünya kriziyle ilgili önemli tartışmalara katıldı ve küresel farkındalığın geliştirilmesiyle pozitif bir değişim yaratmak için gereken adımların ana hatlarını belirledi.

Dr. Laitman, uluslararası medyada göründü: Corriere della Sera, Chicago Tribune, Miami Herald, Jerusalem Post, Globe ve RAI TV ile Bloomberg TV.

Dr. Michael Laitman

Yeni Dünya Rehberi

Tüm hayatını, insan doğasını ve toplumu incelemeye, modern dünyamızda hayatın anlamına dair cevaplar aramaya adamıştır. Akademik geçmişi ve kapsamlı bilgisi onu aranır bir dünya düşünürü ve konuşmacısı yapmıştır. Dr. Laitman, 18 dile çevrilmiş, 40'tan fazla kitap yazmıştır. Hepsini de insanların kendi aralarında ve etraflarındaki çevreyle bir ahenk elde etmesine yardımcı olmak amacıyla yazmıştır.

Dr. Laitman'ın bilimsel yaklaşımı, tüm alanlardan, milletlerden ve inançlardan gelen insanların, kendi farklılıklarının üzerine çıkmasına, ortak sorumluluk ve iş birliğine dair küresel mesaj etrafında toplanmasına olanak sağlar.

İletişim Bilgisi

Sorular ve genel bilgi: turkiye@ariresearch.org

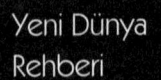

Yeni Dünya Rehberi

Dr. Michael Laitman

SON NOTLAR

1 Uluslararası Para Fonu İdari Direktörü Christine Lagarde tarafından, 2011 Uluslararası Finans Forumu için bir adres, Beijing, 9 Kasım 2011 (http://www.imf.org/external/np/speeches/2011/110911.htm)

2 Gordon Brown, Lord Mayor'un resmi ziyafetinde konuşur: http://www.labour.org.uk/lord_mayors_banquet

3 D"Vera Cohn, Jeffrey Passel, Wendy Wang and Gretchen Livingston, "Amerika"daki Yetişkinlerin Ancak Yarısı Evli – En Düşük Rekor," Pew Araştırma Merkezi (14 Aralık 2011), http://www.pewsocialtrends.org/2011/12/14/barely-half-of-u-s-adults-are-married-a-record-low/?src=prc-headline

4 "Ulusal araştırma raporu, 2008 – 2010 arası, yasal olmayan uyuşturucu kullanımının arttığını gösteriyor," SAMHSA Basın Bülteni (9 Ağustos 2011), http://www.samhsa.gov/newsroom/advisories/1109075503.aspx

5 Albert R. Hunt, "Tutuklular Ülkesi," New York Times (20 Kasım 2011), http://www.nytimes.com/2011/11/21/us/21iht-letter21.html?pagewanted=all

6 Nicholas D. Kristof, "Bozulan Yürüyen Merdivenimiz." New York Times (16 Temmuz 2011), http://www.nytimes.com/2011/07/17/opinion/sunday/17kristof.html?_r=2

7 Richard Vedder and Matthew Denhart, "Neden okul bu kadar pahalı?" CNN (2 Aralık 2011), http://edition.cnn.com/2011/12/02/opinion/vedder-college-costs/index.html

8 Kanuni Uygulama için Ulusal Tüfek Kurumu Enstitüsü, "Ateşli Silahlar Vak'a Kartı 2011," http://www.nraila.org/Issues/FactSheets/Read.aspx?ID=83

9 Carol Cratty, "FBI altyapı kontrollerine göre silah satışları rekor düzeyde.," CNN (28 Aralık 2011), http://edition.cnn.com/2011/12/27/us/record-gun-sales/index.html

10 Kate Kelland, "Avrupalıların Yaklaşık Yüzde 40'ı Akıl Hastalığından Muzdarip," Reuters (4 Eylün 2011), http://www.reuters.com/article/2011/09/04/us-europe-mental-illness-idUSTRE7832JJ20110904

11 Toby Helm, "Birçok İngiliz, çocuklarının kendi anne ve babalarının hayatlarından daha kötü hayatları olacağına inanıyor - anket," Guardian (3 Aralık 2011), http://www.guardian.co.uk/society/2011/dec/03/britons-children-lives-parents-poll

12 Scott Hamilton, "Roubini: Yavaşlama Yeni Bir Kriz Getiriyor," Bloomberg (6 Eylül 2011), http://www.bloomberg.com/news/2011-09-06/roubini-says-global-economic-slowdown-accelerating-next-financial-crisis.html

13 Michael Babad, "George Soros: Ekonomik çöküşün eşiğindeğiz," Globe and Mail (27 Haziran 2011), http://www.theglobeandmail.com/report-on-business/top-business-stories/george-soros-we-are-on-the-verge-of-an-economic-collapse/article2076789/

14 James Kirkup, "İngiltere Bankası Müdürü, dünya tarihteki en kötü krizle yüz yüze diyor," Telegraph (6 Ekim 2011), http://www.telegraph.co.uk/finance/financialcrisis/8812260/World-facing-worst-financial-crisis-in-history-Bank-of-England-Governor-says.html

15 Ian Goldin, "Küresel geleceğimizi yönlendirmek," TED (Ekim 2009), http://www.ted.com/talks/ian_goldin_navigating_our_global_future.html

16 Fareed Zakaria, "Cüzdanları Çıkarın: Dünya, Amerikalıların harcamasına ihtiyaç duyuyor," Newsweek (1 Ağustos 2009), http://www.newsweek.com/2009/07/31/get-out-the-wallets.html

17 "Amerika'nın Borcu, Ülkenin Gayrisafi Milli Harcamasının Yüzde 100'üne Erişiyor," Fox Haber (4 Ağustos 2011), http://www.foxnews.com/politics/2011/08/04/us-debt-reaches-100-percent-countrys-gdp/#ixzz1jIhe6Qly

18 "Kuruşa Borç ve Onu Kim Tutuyor," Maliye Yönetimi, http://www.treasurydirect.gov/NP/NPGateway

19 Tim Jackson, "Tim Jackson'un ekonomik gerçeklik kontrolü" TED (Ekim 2010), http://www.ted.com/talks/lang/en/tim_jackson_s_economic_reality_check.html (dak. 06:59)

20 Giddens, Kaçak Dünya: Küreselleşme Hayatlarımızı Nasıl Yeniden Şekillendiriyor (N.Y., Routledge, 2003), 6-7.

21 Javier Solana and Daniel Innerarity, "Gücün Yeni Grameri," Proje Sendikası (1 Temmuz 2011), http://www.project-syndicate.org/commentary/solana10/English

22 Ludger Kühnhardt "İdeallerini Yeniden Keşfetmesi İçin Birleşmiş Milletler'e Çağrı," Globalist (24 Mayıs 2011), http://www.theglobalist.com/storyid.aspx?StoryId=9149

23 Pascal Lamy, "Lamy, küresel çeşitliliğimizde birlik için ihtiyaç duyduğumuza işaret ediyor," Dünya Ticaret Organizasyonu (WTO) (14 Haziran 2011), http://www.wto.org/english/news_e/sppl_e/sppl194_e.htm

24 Gregory Rodriguez, "Rodriguez: Birbirine bağlı dünyada sıfır toplam oyunları," Los Angeles Times (1 Ağustos 2011), http://articles.latimes.com/2011/aug/01/opinion/la-oe-rodriguez-zerosum-20110801

25 L'Oeil de La Lettre, "Biz Diye Düşün, Ben Diye Değil – Dalay Lama," La Lettre, http://www.lalettredelaphotographie.com/entries/think-we-not-me-or-i-the-dalai-lama

26 Alice Calaprice, Yeni Aktarılabilir Einstein (USA: Princeton University Press, 2005), 206

27 MIT Haystack Rasathanesi'nden alınan bilgi, www.haystack.mit.edu/edu/pcr/.../3%20.../nuclear%20synthesis.pdf

28 Werner Heisenberg, Ruth Nanda Anshen tarafından Bir Fikrin Biyografisi'nde aktarıldı (Moyer Bell, 1987), 224

29 G. Tyler Miller, Scott Spoolman, Çevrede Yaşamak: Prensipler, İlişkiler ve Çözümler, 16. Basım (U.S.A., Brooks/Cole, 24 Eylül 2008), 15

30 Jean M. Twenge ve W. Keith Campbell, Narsizm Salgını: Yetki Çağında Yaşamak (New York: Free Press, A Division of Simon & Schuster, Inc. 2009), 78

31 Jean M. Twenge ve W. Keith Campbell, Narsizm Salgını, 1

32 Jean M. Twenge ve W. Keith Campbell, Narsizm Salgını, 1-2

33 Fiona Harvey, "IEA (Uluslararası Enerji Ajansı) uyarıyor, dünya beş yıl içinde dönüşü olmayan bir iklim değişimine doğru gidiyor," Guardian (9 Kasım 2011), http://www.guardian.co.uk/

environment/2011/nov/09/fossil-fuel-infrastructure-climate-change

34 e360 digest, "IPCC (Hükümetlerarası İklim Değişimi Paneli) diyor ki hava durumuna dair aşırı olayların ısınmaya bağlı olması muhtemel," (1 Kasım 2011), http://e360.yale.edu/digest/extreme_weather_events_likely_linked_to_warming_ipcc_says/3195/

35 "Balık Avlama Neden Önemli," WWF (Doğal Hayatı Koruma Vakfı, http://www.worldwildlife.org/what/globalmarkets/fishing/whyitmatters.html

36 Ian Sample, "İklim değişimi ve nüfus artışı verimli toprakları yok ederken küresel yiyecek krizi beliriyor," Guardian, (31 Ağustos 2007), http://www.guardian.co.uk/environment/2007/aug/31/climatechange.food

37 "Su, Sağlık Koruma ve Hijyen," UNICEF (21 Aralık 2011), http://www.unicef.org/wash/

38 Lester R. Brown, Dünya Sınırda: Çevresel ve Ekonomik Çöküş Nasıl Önlenir (USA, W. W. Norton & Company, 6 Ocak 2011), 16

39 Matthew Lee, "Hillary Clinton, Yükselen Yiyecek Fiyatlarına Dair Alarm Veriyor," Associated Press (6 Mayıs 2011), cnsnews.com adresinde yayınlandı, http://cnsnews.com/news/article/hillary-clinton-raises-alarm-rising-food-prices

40 Ramy Inocencio, "Dünya, tüm yiyeceğin yüzde 30"unu ziyan ediyor," CNN (13 Mayıs 2011), http://business.blogs.cnn.com/2011/05/13/30-of-all-worlds-food-goes-to-waste/

Dr. Michael Laitman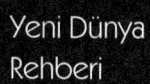

41 "Ahlaki Değerler ve Global Finans Krizi," Michel Camdessus ile röportaj, romereports tarafından YouTube'a yüklenmiş (1 Nisan 2009), http://www.youtube.com/watch?v=M3q8XFLDWIg

42 Steve Connor, "Uyarı: Petrol kaynakları hızla bitiyor," Independent (3 Ağustos 2009), http://www.independent.co.uk/news/science/warning-oil-supplies-are-running-out-fast-1766585.html

43 Laszlo Solymar, Donald Walsh, Materyallerin elektriksel nitelikleri üzerine konuşmalar, "Giriş Bölümü" (UK, Oxford University Press, 1993), xiii

44 Martin Luther King, "Yeni Çağın Zorluğunu Karşılamak" (Aralık, 1956), http://www.libertynet.org/edcivic/king.html

45 Nicholas A. Christakis, James H. Fowler, Birbirine Bağlı: Sosyal Ağlarımızın Şaşırtıcı Gücü ve Nasıl Hayatlarımızı şekillendirdikleri – Arkadaşlarının Arkadaşlarının Arkadaşları, Hissettiğin, Düşündüğün ve Yaptığın Şcyleri Nasıl Etkiliyor (USA, Little, Brown and Company, 12 Ocak 2011), 305

46 Maria Konnikova, "Sherlock Holmes'den Dersler: Kamu Düşüncesinin Gücü," Scientific American, "Bloglar" (13 Eylül 2011), http://blogs.scientificamerican.com/guest-blog/2011/09/13/lessons-from-sherlock-holmes-the-power-of-public-opinion/

47 Kavita Abraham Dowsing ve James Deane, "Kamu Söyleminin Gücü," http://wbi.worldbank.org/wbi/devoutreach/article/1298/power-public-discourse

48 Kaynak: Saul Mcleod, "Asch Deneyi," Sadece Psikoloji, 2008, http://www.simplypsychology.org/asch-conformity.html

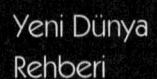

Dr. Michael Laitman

49 "Anılar için Teşekkürler," hatalı anılar üzerine bir deney, Nörobiyoloji Bölümünden Prof. Yadin Dudai ve Micah Edelson ile Londra Universitesi'den Prof. Raymond Dolan ve Dr. Tali Sharot tarafından yapıldı (29 Ağustos 2011'de yayınlandı), http://wiswander.weizmann.ac.il/thanks-for-the-memories

50 Erich Fromm, Sevme Sanatı (U.S.A., Harper Perennial, 5 Eylül 2000), 13

51 Eryn Brown, "Şiddet dolu video oyunları ve beyindeki değişimler," Los Angeles Times (30 Kasım 2011), http://www.latimes.com/health/boostershots/la-heb-violent-videogame-brain-20111130,0,6877853.story

52 Norveçli bir kişi tarafından Norveçlilere yapılan 22 Temmuz 2011 saldırısını takiben: "Rapor: Norveçli Satıcı, Saldırı Arkasından Şiddet Oyunlarını kaldırıyor," DigiPen Teknoloji Enstitüsü (29 Temmuz 2011), http://www.gamecareerguide.com/industry_news/36185/report_norwegian_retailer_pulls_.php

53 David Jenkins, "Almanya'daki kitlesel ateşli saldırılar, satıcıları yetişkinler için olan oyunları kaldırmaya sevk ediyor," Gamasutra (20 Mart 2009), http://www.gamasutra.com/news/production/?story=22839

54 Michigan Sağlık Sistemi Üniversitesi, "Televizyon ve Çocuklar," http://www.med.umich.edu/yourchild/topics/tv.htm

55 Martin Buber, felsefeci ve eğitimci, Bir Millet ve Dünya: Mevcut olaylar üzerine makaleler, İbraniceden çeviri: Chaim Ratz (İsrail, Zionistic Library Publications, 1964), 220

56 George Monbiot, "İngiliz yatılı okul sistemi, zalimliğin kalesi olarak devam ediyor," Guardian (16 Ocak 2012), http://www.guardian.co.uk/commentisfree/2012/jan/16/boarding-school-bastion-cruelty Not: Bu hikaye İngiltere'deki okullardaki sorunları ele alırken, Teksas'daki okullara dair verdiği veriler de alarm verici.

57 Victoria Burnett, "Bir İspanyol Kasabasında Herkese Bir İş Var ve İpotek Seneti Yok," New York Times (25 Mayıs 2009), http://www.nytimes.com/2009/05/26/world/europe/26spain.html?pagewanted=all

58 Andy Sernovitz, Ağızdan Ağza Pazarlama: Akıllı Şirketler İnsanları Nasıl Konuşturuyor, Revize Basım, (U.S.A. Kaplan Press, 3 Şubat 2009), 4

59 Clive Thompson, "Dostlarınız Sizi Şişman mı yapıyor?", New York Times (10 Eylül 2009), http://www.nytimes.com/2009/09/13/magazine/13contagion-t.html?_r=1&th&emc=th

60 (aynı eserde)

61 (aynı eserde)

62 (aynı eserde)

63 "Nicholas Christakis: Sosyal ağların gizli etkisi" (konuşma, alıntı 17:11 dakikadan), TED 2010, http://www.ted.com/talks/nicholas_christakis_the_hidden_influence_of_social_networks.html

64 "ILO, 2012'de G20 deki iş gücü pazarının düşeceğine ve 2015'e kadar ciddi iş açığı olacağına dair uyarıyor," Uluslararası İş Gücü Organizasyonu (ILO) (26 Eylül 2011), http://www.ilo.org/

global/about-the-ilo/press-and-media-centre/news/WCMS_163835/lang--en/index.htm

65 Daniel Woolls, "İspanya'nın işsizlik oranı % 21.3 ile yeni Euro bölgesi rekoruna ulaştı," Huffington Post (29 Nisan 2011), http://www.huffingtonpost.com/2011/04/29/span-unemployment-inflation-economy-debt_n_855341.html

66 "İstihdam Durumu Özeti," İş İstatistik Bürosu (6 Ocak 2012), www.bls.gov/news.release/empsit.nr0.htm

67 Felix Salmon, "Küresel gençlik işsizliği krizi," Reuters (22 Aralık 2011), http://blogs.reuters.com/felix-salmon/2011/12/22/the-global-youth-unemployment-crisis/

68 Ulrich Beck, Yeni Cesur İş Dünyası (USA, Polity, 1. basım, 15 Ocak 2000), 2

69 Thomas L. Friedman, "Yeryüzü Dolu," New York Times (7 Haziran 2011), http://www.nytimes.com/2011/06/08/opinion/08friedman.html?scp=1&sq=the%20earth%20is%20full%20thomas%20friedman&st=cse

70 Adir Cohen, Işık kapıst: Janusz Korczak, Holocaust'u aşan eğitimci ve yazar (USA, Fairleigh Dickinson Univ Press, 1 Aralık 1994), 31

71 David W. Johnson ve Roger T. Johnson, "Eğitimsel Psikoloji Başarı Hikayesi: Sosyal Açıdan Birbirine Bağlı Olma Teorisi ve İşbirlikçi Öğrenim," Educational Researcher 38 (2009): 365, doi: 10.3102/0013189X09339057

72 Johnson ve Johnson, "Eğitimsel Psikoloji Başarı Hikâyesi," 368

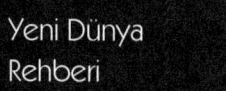

73 Johnson ve Johnson, "Eğitimsel Psikoloji Başarı Hikâyesi," 371

74 (aynı eserde)

75 Eğitim üzerine, bakınız Ek 1: Karşılıklı Sorumluluk – Eğitim Gündemi

76 Christine Lagarde, "İleriye Giden Yol – Şimdi Yap ve Birlikte Yap," Uluslararası Para Fonu (IMF) (23 Eylül 2011), http://www.imf.org/external/np/speeches/2011/092311.htm

77 "Azınlık Kuralları: Bilim Adamları, Fikirlerin Dağılımı için Kırılma Noktasını Keşfediyor," SCNARC (26 Temmuz 2011), http://scnarc.rpi.edu/content/minority-rules-scientists-discover-tipping-point-spread-ideas

78 "Aklın Birliği"nde çıkmıştır, Kuantum Soruları: Dünyanın Büyük Fizikçilerine Ait Mistik Yazılar'da çevrildiği gibi Ken Wilber tarafından düzenlendi (USA, Shambhala Publications, Inc., Revised edition, 10 Nisan 2001), 87

79 Mohamed A. El-Erian, "Küresel Ekonomik Belirsizliğin Anatomisi," Proje Sendikası (18 Kasım 2011), http://www.project-syndicate.org/commentary/elerian11/English

80 Albert Einstein, Alice Calaprice ve Freeman Dyson, Esas Alıntı Yapılabilir Einstein (USA, Princeton University Press, 11 Ekim 2010), 476

81 Efrat Peretz, "Eşit Gelir Paylaşımı Olan Bir Dünya İçin Hazırlanmalıyız," trans. Chaim Ratz, Globes (18 Ekim 2011), http://www.globes.co.il/news/article.aspx?QUID=1057,U1319062129813&did=1000691044

82 Dr. Joseph E. Stiglitz, "İşleyen Bir Ekonomi Düşünmek: Kriz, Bulaşıcı Hastalık ve Yeni Paradigma İhtiyacı," New Palgrave Dictionary of Economics Online (dak. 1:36), http://www.dictionaryofeconomics.com/resources/news_lindau_meeting

84 Hal R. Arkes ve Catherine Blumer, "Batık Maliyet Psikolojisi," Organizasyonel Davranış ve İnsani Karar Süreçleri 35, 124-140 (1985), http://www.google.com/url?sa=t&rct=j&q=&esrc=s&source=web&cd=1&sqi=2&ved=0CCUQFjAA&url=http%3A%2F%2Fcommonsenseatheism.com%2Fwp-content%2Fuploads%2F2011%2F09%2FArkes-Blumer-The-psychology-of-sunk-cost.pdf&ei=Uy4cT8v1KdDsOci89JkL&usg=AFQjCNFE8XVozdwg8RW_kdmY2LfgvVMDZQ&sig2=2NzX5HvZjbct06MbtqPqXw

85 Richard McGill Murphy, "Neden İyilik Yapmak İş İçin İyidir," CNN Para (2 Şubat 2010), money.cnn.com/2010/02/01/news/companies/dov_seidman_lrn.fortune/

86 CNN Personeli, "Göz yaşartıcı gaz Şili öğrenci gösterilerinde uçuştu," CNN (9 Ağustos 2011), http://edition.cnn.com/2011/WORLD/americas/08/09/chile.protests/index.html

87 J. David Goodman, "Norveç'te Silahlı Saldırıda En Az 80 Ölü," New York Times (22 Temmuz 2011), http://www.nytimes.com/2011/07/23/world/europe/23oslo.html?pagewanted=all

88 Thomas L. Friedman, "Her Şeyin Teorisi (Bir Nevi)," York Times (13 Ağustos 2011), http://www.nytimes.com/2011/08/14/opinion/sunday/Friedman-a-theory-of-everyting-sort-of.html?_r=1

89 David W. Johnson ve Roger T. Johnson, "Eğitimsel Psikoloji Başarı Hikayesi: Sosyal Açıdan Birbirine Bağlı Olma Teorisi ve İşbirlikçi Öğrenim," Educational Researcher 38 (2009): 365, doi: 10.3102/0013189X09339057

Dr. Michael Laitman

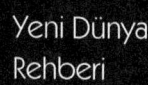

90 Nouriel Roubini, "ROUBINI: Mevcut Ekonomik Veriyi Görmezden Gel – Hâlâ Piyasa Durgunluğu Olması İçin % 50"den Fazla Şans Var," Bussiness Insider (25 Ekim 2011), http://articles.businessinsider.com/2011-10-25/markets/30318837_1_double-dip-recession-eurozone-ecri

91 "2011 Lindau Nobel Ödülü Kazananlar Toplantısı"ndan Ekonomi Bilimi Üzerine Kısa Filmler," The New Palgrave Dictionary of Economics Online, http://www.dictionaryofeconomics.com/resources/news_lindau_meeting

(bahsi geçen açıklama Stiglitz"in videosunda, 10:05 dakikadan sonra.)

92 Amiel Ungar, "Polonya Maliye Bakanı, Eğer EU Çökerse Savaş Olur Diye Uyarıyor," Arutz Sheva (16 Eylül 2011), http://www.israelnationalnews.com/News/News.aspx/147945#.TrUbyPSArqE

93 Sebastian Boyd, "Merkel Yunanistan İçin Güvenlik Duvarı Talep Edince Şili Pesosu İyileşti," Bloomberg (26 Eylül 2011), http://www.businessweek.com/news/2011-09-26/chilean-peso-advances-after-merkel-urges-firewall-around-greece.html

94 Simon Kennedy, Rich Miller ve Gabi Thesing, "Pimco, Avrupa"nın durgunluğa girdiğini görüyor," Financial Post (26 Eylül 2011), http://business.financialpost.com/2011/09/26/pimco-sees-europe-sliding-into-recession/

95 Daniel Woolls, "İspanya"nın işsizlik oranı % 21.3 ile yeni Euro bölgesi rekoruna ulaştı," Huffington Post (29 Nisan 2011),

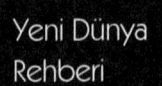

Dr. Michael Laitman

http://www.huffingtonpost.com/2011/04/29/span-unemployment-inflation-economy-debt_n_855341.html

96 Birleşmiş Milletler İş Gücü Departmanı, İş Gücü İstatistik Bürosu, www.bls.gov/news.release/empsit.nr0.htm

97 Belki de en dikkate değer örnekler şu kitapta yayınlanan araştırmalardır, Birbirine Bağlı: Sosyal Ağlarımızın Şaşırtıcı Gücü ve Nasıl Hayatlarımızı Şekillendirdikleri – Arkadaşlarının Arkadaşlarının Arkadaşları, Hissettiğin, Düşündüğün ve Yaptığın Şeyleri Nasıl Etkiliyor, Dr. Nicholas A. Christakis ve Prof. James Fowler tarafından:

Christakis, N. A.; Fowler, JH (22 Mayıs 2008). "Büyük Sosyal Ağda Sigara İçmenin Kollektif Dinamikleri" (PDF). New England Journal of Medicine 358 (21): 2249–2258.

Christakis, N. A.; Fowler, JH (26 Temmuz 2007). "32 Yıl İçinde Büyük Sosyal Ağda Obezitenin Yayılması" (PDF). New England Journal of Medicine 357 (4): 370–379

Fowler, J. H.; Christakis, N. A (3 Ocak 2009). "Büyük Sosyal Ağda Mutluluğun Dinamik Yayılımı: Framingham Kalp Araştırmasında, 20 Yıl İçinde Boylamasına Analiz" (PDF). British Medical Journal 337 (768): a2338.doi:10.1136/bmj.a2338. PMC 2600606. PMID 19056788.

Christakis, N. A.; Fowler, JH (26 Temmuz 2007). "32 Yıl İçinde Büyük Sosyal Ağda Obezitenin Yayılması" (PDF). New England Journal of Medicine 357 (4): 370–379

98 "Ev başına kredi kartı borcu ortalaması: $15,799." Ben Woolsey ve Matt Schulz tarafından, "Kredi kartı istatistikleri, endüstri verileri, borç istatistikleri," CreditCards.com, http://

Dr. Michael Laitman

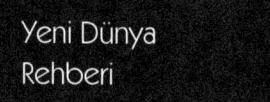

www.creditcards.com/credit-card-news/credit-card-industry-facts-personal-debt-statistics-1276.php#Credit-card-debt

99 "Ortalama bir İngiliz insanının £29,500 borcu var, ortalama kazancının yaklaşık % 123'ü," Jeff Randall tarafından, "Borç tuzağı saatli bombası," Telegraph (31 Ekim 2011), http://www.telegraph.co.uk/finance/comment/jeffrandall/8859082/The-debt-trap-time-bomb.html

100 Ramy Inocencio, "Dünya, tüm besininin % 30'unu ziyan ediyor," CNN Business 360 (13 Mayıs 2011), http://business.blogs.cnn.com/2011/05/13/30-of-all-worlds-food-goes-to-waste/

101 Tay, L., & Diener, E., "İhtiyaçlar ve dünyadaki öznel iyilik," Kişilk ve Sosyal Psikoloji Bülteni (2011), 101(2), 354-365. doi:10.1037/a0023779

102 "Eğitim," Britanika Ansiklopedisi, http://www.britannica.com/EBchecked/topic/179408/education

103 Muhtemelen sosyal çevrenin psişemiz üzerindeki etkisine ve hatta fiziksel iyiliğimiz üzerindeki etkisine dair en dikkate değer örnekler şu kitaptadır; Birbirine Bağlı: Sosyal Ağlarımızın Şaşırtıcı Gücü ve Nasıl Hayatlarımızı Şekillendirdikleri – Arkadaşlarının Arkadaşlarının Arkadaşları, Hissettiğin, Düşündüğün ve Yaptığın Şeyleri Nasıl, Nicholas A. Christakis, MD, PhD ve James H. Fowler, PhD (Little, Brown and Co., 2010) tarafından

Yazar Hakkında

Ontoloji ve Bilgi Teorisi Profesörü, Felsefe Doktorası yanında Medikal Sibernetik dalında Master diplomasına sahip, Dr. Laitman, Kuzey Amerika, Orta ve Güney Amerika'nın yanı sıra Asya, Afrika ve Doğu ve Batı Avrupa'da şubeleri olan ARI Enstitüsünün kurucusudur.

Dr. Laitman yenilikçi fikirler yoluyla eğitim politikalarında ve uygulamalarında pozitif değişimlerin geliştirilmesine ve günümüzün en baskıcı eğitimsel problemlerine çözümler bulmaya kendini adamıştır. Eğitime karşılıklı bağımlı ve bütünleşmiş dünyanın kanunlarını uygulayarak yeni bir yaklaşım sunmuştur.

Küreselleşmiş Dünyada Yaşamak İçin Bir Rehber

Dr. Laitman teknolojik olarak birbirine bağlanmış yeni küresel köyde nasıl yaşanacağına dair belirli esaslar sunar. Yeni bakış açısı insan yaşamındaki her alana dokunur: sosyal, ekonomik ve eğitime özel bir vurgu yaparak. Su yüzüne çıkan birbiriyle daha sıkı bağlantılı realitenin içinde birbirine bağlı bir toplum yaratmak için evrensel değerler üzerine inşa edilmiş yeni küresel bir eğitim sisteminin altını çizmektedir.

UNESCO Genel Müdürü Irına Bokova ve Birleşmiş Milletler Genel Sekreter Yardımcısı Dr. Asha - Rose Migiro ile olan toplantılarında, dünya çapındaki güncel eğitim problemlerini ve çözüm için görüşlerini tartıştı. Bu kritik, küresel konu büyük değişimin tam ortasındadır. Dr. Laitman günümüz gençliğinin kendine has tutkularını göz önüne tutarken ve onları çok dinamik, küresel bir dünyaya hazırlarken mevcut yeni komünikasyon araçlarından yararlanmanın önemini vurgular.

Dr. Laitman son zamanlarda uluslararası enstitülerle çok yakın çalışmalarda bulunmuş ve Tokyo'da (Goi Barış Kuruluşuyla), Arosa'da (İsviçre) ve Düseldof'da (Almanya) ve Kültürlerin Uluslararası Forumu'yla birlikte Monterey'de (Meksika) birçok uluslararası organizasyonlara katılmıştır. Bu organizasyonlar UNESCO tarafından desteklenmiştir. Bu küresel forumlarda, dünya krizi hakkında hayati önem taşıyan tartışmalara katkıda bulunmuş ve gelişmiş bir küresel farkındalık yoluyla pozitif bir değişim için gereken adımların altını çizmiştir.

Dr. Laitman aralarında Corriere Della Sera, The Chicago Tribune, The Miami Herald, The Jerusalem Post, The Globe, RAI TV ve Bloomberg TV olan birçok yayında yer almıştır.

Dr. Laitman tüm yaşamını modern dünyamızdaki hayatın anlamına cevaplar arayarak insan ve toplum doğasını araştırmakla geçirmiştir. Akademik geçmişi ve engin bilgisi onu dünya çapında takip edilen bir dünya düşünürü ve sözcüsü yapmıştır.

Dr. Laitman'ın bilimsel yaklaşımı tüm milliyetlerden, inançlardan olan insanların farklılıklarının üzerine çıkmasına ve karşılıklı güvence ve işbirliği küresel mesajı etrafında birleşmesine olanak sağlamıştır.

Bütünsel Toplumun Psikolojisi

Bu kitapta, Profesör Michael Laitman ve Profesör Anatoly Ulianov bir seri karşılıklı konuşma ile eğitime ufuk açıcı bir yaklaşımla ışık tutmaktalar. Rekabet içinde olmamak, sosyal bir çevre içinde yetiştirilmek, akranların eşitliği, karşılıksız verenlerin ödüllendirilmesi, sürekli değişen grup ve öğretmen yapısı, bu kitap içindeki yeni kavramlardan sadece birkaç tanesidir. 21. inci yüzyılda daha iyi bir anne-baba, daha iyi bir öğretmen ve daha iyi bir insan olmak isteyen herkesin bu kitabı okuması mutlaka gerekli."

Doğanın Kanunlarıyla Bütünleşmek

Ve Yaşam Tek Bir Kişinin Tecrübesi Olmayacak. Tam Tersine, Sanki Tüm İnsanlıkla Beraber Nefes Alıp Yaşıyor Gibi Olacağız

Doğanın Kanunlarıyla Bütünleşmek toplumsal bilinç üzerine yaratıcı yaklaşımı olan bir kitap. İnsanoğlunun geçirdiği süreç ve realiteye kapsamlı bir bakış sunmaktadır. Kitap geçirdiğimiz kişisel ve sosyal değişim akımları için araçlar sunmaktadır.

Michael Laitman küresel bir düşünür olup, Ontoloji Profesörüdür ve doktorasını Felsefe ve Kabala üzerine tamamlamış, Tıbbi Bio sibernetik konusunda MS diploması vardır. Doğanın Kanunlarıyla Bütünleşmek - Dr. Laitman'ın önde gelen düşünür ve bilim adamları ile yaptığı sohbetlerden hazırlanmıştır.

Dönüş Noktası

Gelişimin tüm önceki aşamalarındaki egoyu terk etmeliyim. Dönüş noktası, çatallaşma noktası, ayrılma, kriz, bugün üzerlerine gideceklerimiz bizleri gerçekten, egomuzu "kıracağımız" ve aşağıda bırakacağımız gerçeğine yönlendirirler. İnsanlık, büyük bir problem ile yüzleşiyor: Ulaştığımız o çok büyük egoyu hissediyor, onunla hayal kırıklığına uğruyor ve onu terk ediyor çünkü buna mecbur bırakıldık. Bu, "kötülüğün tanınması" safhası olarak adlandırılır. Bunun üzerine gitmeliyiz.

Karşılıklı Sorumluluk

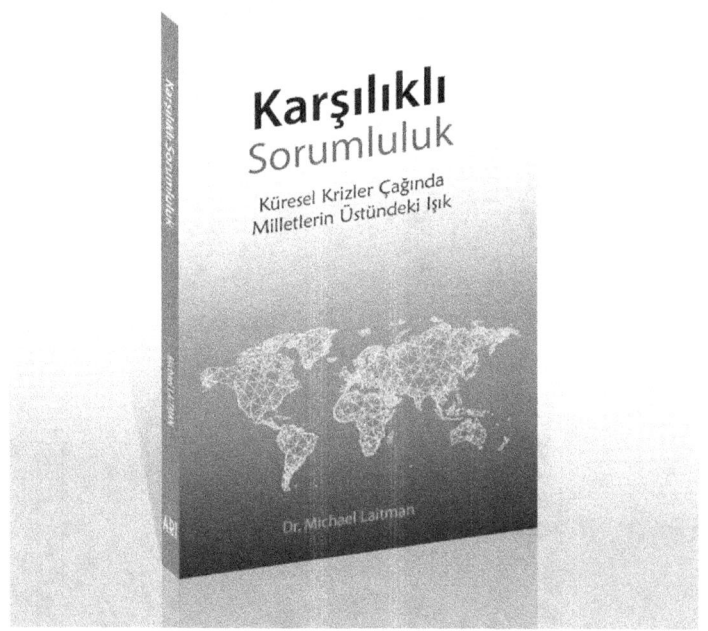

Neden dünya nüfusunun %1'i dünya zenginliginin %40'ına sahip? Neden dünyada egitim sistemleri mutsuzluk ve zayıf egitimli çocuklar üretiyor? Neden açlık var? Neden yiyecek fiyatları herkes için yeterli olandan fazla yiyecek varken artıyor? Neden halen insan onuru ve sosyal adaletin olmadıgı ülkeler var? Ve bu yanlışlar ne zaman ve nasıl düzeltilecek?

Ortak sorumluluk: Küresel Krizler Çagında Milletlerin Üstündeki Isık, küresellesmenin köklerine, nasıl evrimlendigine, bunun faydalarından nasıl haz alacagımıza ve zararlarından da kaçınacagımıza deginir.

Kendinizi Kurtarın

Dünya Krizinden Nasıl Güçlü Çıkabilirsiniz

Dr. Laitman Ontoloji ve Bilgi Kuramı Profesörüdür, Rusya Bilimler Akademisi, Moskova Felsefe Enstitüsü Felsefe ve Kabala doktora derecesi ve ayrıca St. Petersburg Politeknik Üniversitesi Medical Sibernetik mastır derecesi vardır. Laitman bizi bekleyen inanılmaz mücadeleyi işaret edecek şekilde bu üç uzmanlık alanının tümünü birleştiriyor.

Yeni Dünya Rehberi

Neden Karşılıklı Sorumluluk Küresel Krizi Aşmanın Anahtarı

Neden dünya nüfusunun %1'i zenginliğin %40'ı na sahip? Neden tüm dünyada eğitim sistemleri mutsuz, kötü eğitilmiş çocuklar üretiyor? Neden açlık var? Neden dünyada herkese yetecek kadar yiyecek varken gıda fiyatları artıyor? Neden dünyada hala insan onuru ve sosyal adeletin olmadığı ülkeler var? Bu yanlışlar ne zaman ve nasıl düzeltilecek?

Yeni Ekonominin Faydaları

Ekonomik krizlerin dünyanın en iyi ekonomistlerinin tüm çabalarına rağmen neden sona ermediğini hiç merak ettiğiniz oldu mu? Bunun cevabı bizde, hepimizde yatar. Ekonomi aramızdaki ilişkilerin bir yansımasıdır. Doğal gelişim sonucu, dünya hepimizin birbirine bağımlı olduğu bütünleşmiş ve küreselleşmiş bir köy halini aldı.

Karşılıklı bağımlılık ve küreselleşme dünyanın bir parçasında olan bir şeyin diğer tüm parçalarını da etkileyeceği anlamına gelir. Bunun sonucu olarak, başka parçalar hala hastayken bir parçanın iyileştirilmesi bu parçayı da tekrar hasta edeceği için, küresel krizlerin çözümü tüm dünyayı kapsamak zorundadır.

NOTLARIM

www.ingramcontent.com/pod-product-compliance
Lightning Source LLC
Chambersburg PA
CBHW071500080526
44587CB00014B/2169